십대의 문장으로
다시 쓰는

필독서
30

십대의 문장으로 다시 쓰는

필독서 30

김여울·박수아·신주호 지음

BEYOND

　아이가 "이 책 읽어볼래" 하고 스스로 책을 집어들 때가 있습니다. 그 순간은 단순히 '취향'이 아니라, 아이가 자기 삶을 스스로 꾸려나가려는 시작이에요. 책은 누가 읽히는 것이 아니라, 아이가 "내가 읽겠다"고 마음먹을 때 비로소 진짜 공부가 됩니다. 그러니 이 책의 첫걸음은 아이에게 선택권을 주는 것입니다. "이건 아직 이르지 않을까?"라는 마음이 올라올 때, 한 발만 뒤로 물러서 주세요. **아이가 고른 책이야 말로 아이의 마음을 가장 정확히 붙잡습니다.**

　특히 이 책에 담긴 고전 도서의 힘을 믿어 주셨으면 합니다. 고전은 오래된 이야기처럼 보이지만, 사실은 시간을 이긴 질문들로 가득합니다. 사랑과 우정, 용기와 두려움, 정의와 욕심, 실패와 성장 같은 인생의 기본 문제를 가장 깊게 다뤄요. 그래서 고전을 읽는 아이는 남보다 더 많이 아는 것이 아니라, 더 넓게 생각하는 힘을 갖게 됩니다. 그리고 그 힘은 시험 점수보다 오래 남습니다. 아이가 어떤 상황을 만나도 흔들리지 않게 붙잡아 주는 마음의 기둥이 되어주거든요.

부모님이 해주실 수 있는 최고의 도움은 "읽어!"가 아니라 **"그 책 어땠어?"**입니다. 이 책은 아이들이 직접 읽고 요약한 글을 친구들에게 추천하는 형태예요. 요약은 '줄거리를 줄이는 기술'이 아니라, 핵심을 잡아내는 사고력입니다. 아이가 한 페이지 요약을 읽고 나면 **"이 부분이 왜 중요했대?"**라고 물어봐 주세요. 그 질문 하나가 문해력을 키웁니다. 문해력은 책을 이해하는 능력이고, 어휘력은 그 이해를 말과 글로 표현하는 힘입니다. 아이는 책을 읽으며 단어를 배우고, 생각을 정리하며 문장을 배웁니다. 그렇게 책은 아이에게 표현할 수 있는 삶을 선물합니다.

마지막으로 부탁드리고 싶습니다. 아이가 어떤 책을 읽든, 속도가 느리든 빠르든, 중간에 멈추든 다시 시작하든, 그 과정을 성적표로 만들지 말아 주세요. 독서는 '결과'가 아니라 '습관'이고, 습관은 따뜻한 기다림에서 자랍니다. 이 책이 아이에게 "나도 할 수 있다"는 자신감을 주고, 언젠가 아이 스스로 인생의 중요한 순간에 책을 찾아가게 만드는 다리가 되길 바랍니다.

　이 책을 펼친 여러분은 이미 멋진 일을 시작하고 있어요. 왜냐하면 이 책은 어른이 정해 준 책 목록을 따라가는 책이 아니라, 여러분 또래의 아이들이 직접 책을 고르고, 읽고, 한 페이지로 요약해서 친구들에게 추천하는 책이기 때문이에요. 누가 대신해 줄 수 없는 일이죠. 책을 읽는 것도 대단하지만, 읽고 나서 "이 책은 이런 점이 좋았어요"라고 자기 말로 정리하는 것은 더 멋진 힘이에요.

　책은 여러분이 직접 고르는 것이 가장 중요해요. "이 책은 어려울까?","이건 유명하니까 읽어야 하나?"라는 생각이 들 수 있어요. 하지만 독서는 숙제가 아니라, 여러분의 마음과 머리가 더 넓어지는 경험이에요. 그래서 가장 좋은 책은 "내가 읽어 보고 싶다"는 마음이 드는 책이에요. 여러분이 직접 고른 책은 여러분에게 꼭 필요한 말을 해줄 가능성이 높아요. 여러분의 선택에는 분명한 이유가 있거든요.

　그리고 **고전의 힘을 믿어보세요.** 어려워 보일 수 있어요. 그런데 고전은 시간이 지나도 사라지지 않는 질문을 담고 있죠. "나는 어떤 사람이 되고 싶을까?", "용기는 언제 필요할까?" 이런 질문들은 어른이 되어서도 계속 만나게 돼요. 고전을 읽는다는 건 옛날 이야기를 외우는 게 아니라, 인생을 살아갈 때 꼭 필요한 생각의 근육을 키우는 일이에요.

마지막으로 **책은 문해력과 어휘력을 쑥쑥 자라나게 해요.** 문해력은 글을 정확하게 읽고 이해하는 힘이고, 어휘력은 그 이해를 말과 글로 표현하는 힘이에요. 이 두 가지는 공부를 잘하기 위해서만 필요한 게 아니에요. 친구와 말이 잘 통하게 하고, 내 마음을 제대로 설명하게 하고, 억울할 때도 나를 지키게 해주는 힘이에요.

책은 여러분에게 단지 지식을 주는 게 아니라, 여러분의 인생을 만나는 방법을 알려주는 친구랍니다. 어떤 책은 여러분을 위로해 줄 거고, 어떤 책은여러분의 마음을 단단하게 만들어 줄 거예요. 또 어떤 책은 "세상에는 이런 삶도 있구나" 하고 여러분의 세상을 넓혀주죠. 독서는 시험을 위한 연습이 아니라, 여러분이 나답게 살아가도록 돕는 디딤돌입니다.

이 책을 이렇게 읽어보면 더 좋겠어요.

★ 책의 배경지식을 파악해 보세요. 그 작품의 역사를 알면 깊이 이해할 수 있어요.

★ 추천 이유도 함께 읽어보세요. 친구들이 고른 이유를 알게 되면 한 층 더 가까워질 거예요.

★ 마지막으로 그 책을 꼭 한번 읽어보세요. 또래의 추천 도서야 말로 여러분의 문해력을 키우고 어휘력을 늘려 세상을 더 넓게 보는 시야를 갖게 될 테니까요.

지금부터 이 책을 어떻게 읽으면 좋은지 방향을 잡아줄게요. 이 책에는 또래 친구들이 직접 읽고 요약한 필독서 30권이 담겨 있어 "왜 이 책이 나에게 필요한지"가 더 현실적으로 와닿을 거예요. 친구의 추천은 핵심을 쉽게 잡아주고, 고전도 부담 없이 시작하게 해 줘요. 한 권씩 골라 읽으며 배경지식 → 1페이지 요약 → 토론하기를 따라가면, 읽기에서 끝나지 않고 생각과 표현까지 자라는 독서가 됩니다.

1 순서대로 읽지 않아도 돼요

지금 내 관심사(성장, 우정, 역사, 과학, 정의, 예술 등)에 끌리는 분야부터 골라 읽어 보세요. 이 책은 각 꼭지가 한 권씩 독립된 구성이라, '오늘 내 마음에 필요한 이야기'를 찾아 읽기에 딱 좋아요.

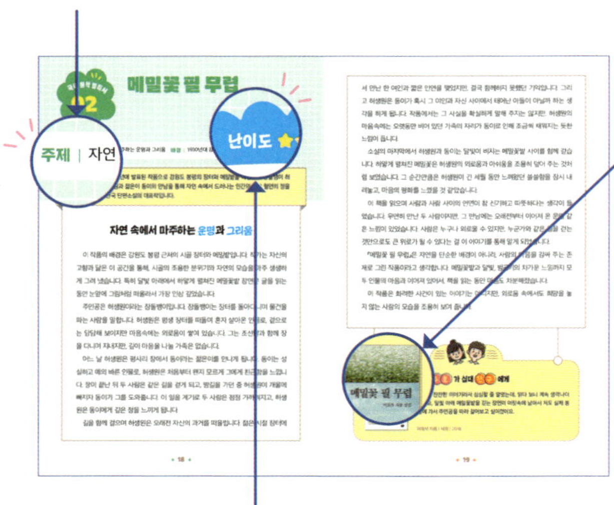

2 나의 독서력과 책의 난이도를 체크하세요

각 책의 페이지 상단에는 분야와 난이도가 표시돼요. 읽기 전에 난이도를 먼저 확인하면, "지금 바로 도전해도 될까?" 또는 "조금 천천히 읽는 책일까?"를 스스로 판단할 수 있어요. 독서력은 갑자기 늘지 않지만, 난이도를 조절해서 읽는 습관을 들이면 확실히 성장합니다.

③ 주제와 배경지식을 한 눈에

이 책의 본문은 배경지식 정리 + 1페이지 요약 + 토론하기로 이루어져 있어요. 그래서 책을 읽기 전에는 이 작품이 어떤 이야기인지, 어떤 주제인지를 빠르게 파악할 수 있고, 토론 질문을 통해 생각을 더 깊게 넓힐 수 있어요. 특히 배경지식은 책이 어려울 때 길을 잃지 않도록 도와주는 지도같은 역할을 합니다.

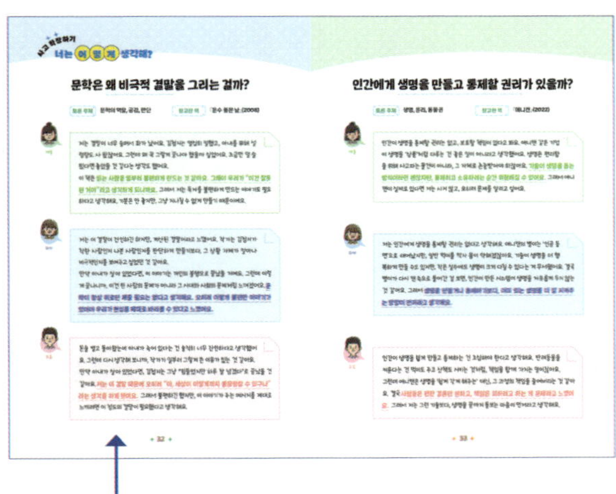

④ 친구들과의 독서 토론이 가능해요

각 장을 읽고 나면 토론이 가능한 생각 펼치기 페이지가 함께 들어 있어요. 그래서 혼자 읽고 끝내는 게 아니라, 친구들과 "나라면 어땠을까?", "이 장면을 왜 이렇게 생각했지?"처럼 서로의 생각을 나누며 더 깊게 읽을 수 있어요. 토론을 하면 같은 책도 사람마다 다르게 보인다는 걸 알게 되고, 그 과정에서 내 생각을 말로 정리하는 힘(문해력·표현력)이 더 빨리 자랍니다.

차례

1장

국내 문학

6장
사회

7장
역사

1장
국내
문학

소나기

주제 | 소년과 소녀의 순수한 사랑   **배경** | 전쟁 직후, 1950년대 한국 사회

작품 소개 소설가 황순원의 단편소설 『소나기』는 1953년에 발표되었습니다. 전쟁 직후 시골에서 만난 소년과 소녀의 짧고 순수한 사랑과 이별을 그려 한국 단편소설을 대표하는 작품으로 널리 사랑받고 있습니다.

성장, 그리고 사랑과 상실

이 책의 작가는 황순원입니다. 작가는 사람들의 마음속에 있는 순수함과 따뜻함을 참 잘 표현하는 분이라고 생각합니다. 『소나기』는 시골 마을을 배경으로, 소년과 소녀가 짧지만 아름답게 만나는 이야기를 담고 있습니다.

이야기의 배경은 전쟁이 끝난 지 얼마 안 된 시골 마을입니다. 들판에는 벼가 자라고, 개울물은 반짝이며 흐르고, 하늘에는 새들이 날아다닙니다. 저는 이 작품을 읽으면서 자연이 단순히 배경이 아니라, 인물들의 마음을 대신 말해주는 것 같다고 느꼈습니다. 비가 내릴 때 들리는 소리, 햇살이 비칠 때 나는 풀 냄새 같은 것이 소년과 소녀의 감정과 잘 어울리기 때문입니다.

주인공은 이름이 나오지 않는 소년과 소녀입니다. 소녀는 도시에서 병을 앓다가 요양을 하러 시골로 내려왔습니다. 그리고 소년은 그 마을에 사는, 순수하고 부끄러움이 많은 아이입니다. 두 사람은 우연히 개울가에서 만나게 됩니다. 소녀는 장난스럽고 활발한 편이고, 소년은 말이 많지는 않지만 마음이 따뜻한 아이입니다.

그날 두 아이는 함께 놀면서 금방 친해집니다. 들꽃을 꺾어 꽃다발을 만들고, 강아지풀로 목걸이도 만들었습니다. 저는 이 장면이 마치 햇빛 속에서 반짝이는 여름

날처럼 느껴졌습니다. 모든 것이 가볍고, 즐겁고, 반짝이는 기분이었기 때문입니다.

그러다 갑자기 비가 내리기 시작합니다. 두 사람은 허겁지겁 비를 피해 달려가는데, 이때 내리는 비가 바로 '소나기'입니다. 저는 이 소나기가 단순한 비가 아니라, 두 사람의 마음을 더 가까이 붙여 주는 특별한 순간처럼 느껴졌습니다. 소나기 때문에 옷이 젖고 숨이 차지만, 그 순간만큼은 두 아이의 마음이 더 따뜻해진 것 같았습니다.

하지만 행복한 시간은 오래가지 않습니다. 소녀의 병이 점점 심해지고, 결국 소녀는 세상을 떠나게 됩니다. 소년은 그 소식을 듣고 깊은 슬픔에 빠집니다. 소녀는 죽기 전에 소년에게 말합니다.

"내가 죽으면 내 옷을 같이 묻어 줘."

이 말에는 소년과의 추억을 끝까지 간직하고 싶다는 마음이 담겨 있는 것 같았습니다. 소년은 소녀를 떠나 보냈지만, 동시에 깨닫게 됩니다. 사랑이 얼마나 소중한지, 그리고 누군가를 잃는 일이 얼마나 아픈지도 알게 된 것입니다.

작가는 갑자기 내리는 소나기를 통해 사랑의 짧음과 인생의 덧없음을 표현했습니다. 그리고 우리가 평소에 당연하게 여기는 사람들과의 시간을 더 소중히 여겨야 한다는 메시지도 전합니다.

십대 여울이가 십대 친구에게

『소나기』를 읽고 나니, 언제나 곁에 있을 것 같던 사람도 언젠가는 떠날 수 있다는 걸 알게 되었어요. 그래서 저는 좋아하는 마음은 미루지 말고, 지금 옆에 있는 사람들에게 더 잘해주고 싶어졌어요.

황순원 지음 | 맑은소리 | 2010

메밀꽃 필 무렵

주제 | 자연 속에서 마주하는 운명과 그리움 **배경** | 1930년대 강원도 봉평 일대의 시골 장터와 메밀밭

작품 소개 1936년에 발표된 작품으로 강원도 봉평의 장터와 메밀밭을 배경으로 장돌뱅이 허생원과 젊은이 동이의 만남을 통해 자연 속에서 드러나는 인간의 삶과 혈연의 정을 아름답게 그린 한국 단편소설의 대표작입니다.

자연 속에서 마주하는 운명과 그리움

이 작품의 배경은 강원도 봉평 근처의 시골 장터와 메밀밭입니다. 작가는 자신의 고향과 닮은 이 공간을 통해, 시골의 조용한 분위기와 자연의 모습을 아주 생생하게 그려 냈습니다. 특히 달빛 아래에서 하얗게 펼쳐진 메밀꽃밭 장면은 글을 읽는 동안 눈앞에 그림처럼 떠올라서 가장 인상 깊었습니다.

주인공은 허생원이라는 장돌뱅이입니다. 장돌뱅이는 장터를 돌아다니며 물건을 파는 사람을 말합니다. 허생원은 평생 장터를 떠돌며 혼자 살아온 인물로, 겉으로는 담담해 보이지만 마음속에는 외로움이 쌓여 있습니다. 그는 조선달과 함께 장을 다니며 지내지만, 깊이 마음을 나눌 가족은 없습니다.

어느 날 허생원은 평사리 장에서 동이라는 젊은이를 만나게 됩니다. 동이는 성실하고 예의 바른 인물로, 허생원은 처음부터 왠지 모르게 그에게 친근함을 느낍니다. 장이 끝난 뒤 두 사람은 같은 길을 걷게 되고, 밤길을 가던 중 허생원이 개울에 빠지자 동이가 그를 도와줍니다. 이 일을 계기로 두 사람은 점점 가까워지고, 허생원은 동이에게 깊은 정을 느끼게 됩니다.

길을 함께 걸으며 허생원은 오래전 자신의 과거를 떠올립니다. 젊은 시절 장터에서 만난 한 여인과 짧은 인연을 맺었지만, 결국 함께하지 못했던 기억입니다. 그리고 허생원은 동이가 혹시 그 여인과 자신 사이에서 태어난 아들이 아닐까 하는 생각을 하게 됩니다. 작품에서는 그 사실을 확실하게 말해 주지는 않지만, 허생원의 마음속에는 오랫동안 비어 있던 가족의 자리가 동이로 인해 조금씩 채워지는 듯한 느낌이 듭니다.

소설의 마지막에서 허생원과 동이는 달빛이 비치는 메밀꽃밭 사이를 함께 걷습니다. 하얗게 펼쳐진 메밀꽃은 허생원의 외로움과 아쉬움을 조용히 덮어 주는 것처럼 보였습니다. 그 순간만큼은 허생원이 긴 세월 동안 느껴왔던 쓸쓸함을 잠시 내려놓고, 마음의 평화를 느꼈을 것 같았습니다.

이 책을 읽으며 사람과 사람 사이의 인연이 참 신기하고 따뜻하다는 생각이 들었습니다. 우연히 만난 두 사람이지만, 그 만남에는 오래전부터 이어져 온 운명 같은 느낌이 있었습니다. 사람은 누구나 외로울 수 있지만, 누군가와 같은 길을 걷는 것만으로도 큰 위로가 될 수 있다는 걸 이 이야기를 통해 알게 되었습니다.

『메밀꽃 필 무렵』은 자연을 단순한 배경이 아니라, 사람의 마음을 감싸 주는 존재로 그린 작품이라고 생각합니다. 메밀꽃밭과 달빛, 밤공기의 차가운 느낌까지 모두 인물의 마음과 이어져 있어서, 책을 읽는 동안 마음도 차분해졌습니다.

이 작품은 화려한 사건이 있는 이야기는 아니지만, 외로움 속에서도 희망을 놓지 않는 사람의 모습을 조용히 보여 줍니다.

처음엔 잔잔한 이야기라서 심심할 줄 알았는데, 읽다 보니 계속 생각나더라고요. 달빛 아래 메밀꽃밭을 걷는 장면이 머릿속에 남아서 저도 실제 봉평에 가서 주인공을 따라 걸어보고 싶어졌어요.

이효석 지음 | 새움 | 2018

운수 좋은 날

주제 | 가난한 개인의 비극 **배경** | 1920년대 일제강점기 서울. 식민지 시대 하층민의 삶

작품 소개 비 오는 하루 동안 벌어지는 한 인력거꾼의 이야기를 따라가며, 이 작품은 '운이 좋다'는 말이 얼마나 잔인하게 뒤집힐 수 있는지를 보여줍니다. 개인의 불행이 아니라, 가난을 외면한 사회의 책임을 묻기 때문에 지금 읽어야 할 소설입니다.

가난과 비극적 현실 직면하기

『운수 좋은 날』은 비 오는 하루 동안 인력거꾼 김첨지에게 일어나는 일을 그린 이야기입니다. 제목만 보면 정말 운이 좋은 날 같지만, 이야기를 읽다 보면 그 말이 얼마나 아이러니한지 알게 됩니다. 이 소설은 오래전에 쓰인 작품이지만, 지금 읽어도 마음이 쉽게 가라앉지 않습니다.

김첨지는 가난한 인력거꾼으로, 병든 아내를 두고 하루하루를 힘들게 살아갑니다. 아내는 집에서 거의 움직이지 못할 정도로 아프지만 김첨지는 먹고살기 위해 비 오는 날에도 인력거를 끌고 나갑니다. 그날따라 손님이 많아 평소보다 돈을 많이 벌게 되고, 김첨지는 오랜만에 '오늘은 좀 운이 좋다'고 생각합니다. 그는 아내에게 설렁탕을 사다 주면 좋아할 것 같아 괜히 마음이 들뜹니다.

하지만 김첨지의 기대는 집에 도착하는 순간 완전히 무너집니다. 설렁탕을 들고 돌아왔을 때, 아내는 이미 세상을 떠나 있었기 때문입니다. 그날 번 돈은 김첨지에게 아무 소용이 없게 됩니다. 이 장면을 읽을 때, 제목이 왜 『운수 좋은 날』인지 더 슬프게 느껴졌습니다. 정말 필요한 순간에는 아무것도 지켜주지 못하는 '운'이었기 때문입니다.

이 이야기는 단순히 한 사람의 불행만을 보여주지 않습니다. 열심히 일해도 가난에서 벗어날 수 없었던 사람들의 현실, 그리고 그 현실 속에서 너무 쉽게 무너지는 삶을 보여줍니다. 김첨지는 나쁜 사람이 아니라, 오히려 가족을 생각하는 마음이 깊은 인물입니다. 그래서 그의 하루가 더 안타깝게 느껴졌습니다.

특히 아내에게 설렁탕을 사다준 장면이 오래 기억에 남았습니다. 김첨지가 아내를 위해 사 온 그 설렁탕은 사랑이었지만, 끝내 전해지지 못한 마음이었습니다. 이 소설을 읽고 나서 저는 '돈을 버는 날'이 꼭 좋은 날은 아니라는 생각이 들었습니다. 누군가와 함께 있고, 그 마음을 나눌 수 있는 날이 진짜 운수 좋은 날일지도 모르겠습니다.

읽고 나면 기분이 가볍지는 않지만, 사람의 마음과 삶을 다시 생각하게 만드는 이야기입니다. 비 오는 날과 설렁탕 한 그릇이 이렇게 오래 기억에 남을 줄은 몰랐습니다. 그래서 이 책은 조용하지만 쉽게 잊히지 않는 작품이라고 생각합니다.

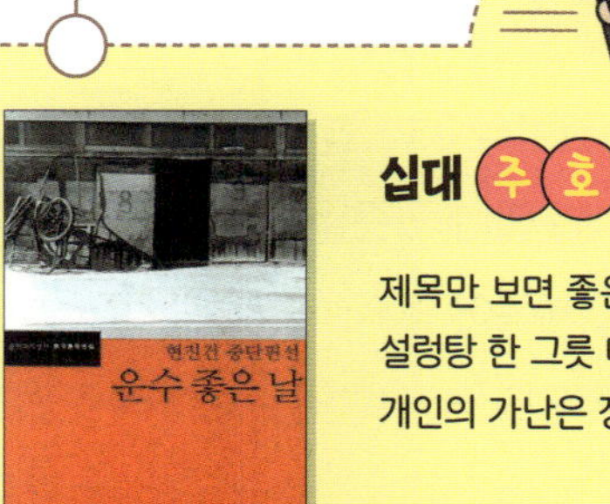

십대 주호 가 십대 친구 에게

제목만 보면 좋은 이야기 같았는데, 읽다 보니 마음이 계속 무거워졌어요. 설렁탕 한 그릇 때문에 '진짜 운이 좋다는 게 뭘까?' 자꾸 생각하게 됐어요. 개인의 가난은 정말이지 큰 비극 같아요.

현진건 지음 | 문학과지성사 | 2008

몬스터 차일드

주제 | 다름에 대한 편견, 자기 정체성의 수용   **배경** | 사람을 차별하고 거리 두는 현대 사회

작품 소개 몸이 다르다는 이유로 문제가 된 아이들의 이야기를 통해, 이 책은 병보다 무서운 것이 사람들의 편견임을 보여줍니다. 숨기지 않고 스스로를 인정하는 용기와, 동정이 아닌 존중의 태도가 왜 필요한지 지금 우리에게 묻는 이야기입니다.

편견을 넘어 진짜 나를 찾는 이야기

겉으로 보면 '특별한 병을 가진 아이들 이야기' 같지만, 진짜 문제는 병이 아니라 사람들의 시선이라는 걸 알게 되는 책입니다. 주인공 하늬는 MCS, 즉 '몬스터 차일드 신드롬'을 가지고 있습니다. 남들과 조금 다르다는 이유로 사회에서 소외됩니다.

처음에 하늬는 자신이 MCS라는 사실을 숨기고 싶어 합니다. 사람들이 이상하게 볼까 봐, 친구들이 떠날까 봐 무섭기 때문입니다. 하지만 이야기가 진행될수록 한별은 깨닫게 됩니다. 숨기는 게 편해 보일 수는 있지만, 결국 가장 힘든 건 자기 자신을 부정하는 일이라는 걸요.

하늬와 가족들은 시골 학교로 전학을 갑니다. 그곳에 MCS 치료 연구소가 있기 때문입니다.

가장 긴장됐던 장면은 승아와 산들이가 과수원의 나무를 뽑아버린 사건이었습니다. 승아는 친구가 놀림받는 걸 보고 화를 참지 못해 결국 큰 일을 벌이고 맙니다. 잘못된 행동이지만, 그 장면을 보며 "왜 그랬는지"를 먼저 생각하게 됐습니다. 그리고 그 뒤에 나오는 어른들의 태도가 인상 깊었습니다. 혼내기보다 아이들의 마음을 이해하려고 했기 때문입니다. 이 장면에서 저는 '진짜 어른은 목소리가 큰 사람이 아니라, 상황을 끝까지 보려는 사람'이라는 생각이 들었습니다.

  가장 기억에 남는 말은 "자신을 싫어하지 말고, 당당하게 살아가라"는 문장이었습니다. 이 말은 병이 있는 사람뿐 아니라, 누구에게나 필요한 말이라고 생각합니다. 우리도 남들과 다르다는 이유로 스스로를 숨기고 싶을 때가 있으니까요. 하지만 이 책은 말합니다. 문제는 '다름'이 아니라, 그 다름을 바라보는 방식이라고요.

  이 책은 "괜찮아"라고 말하지 않는 대신 "너는 이미 충분해"라고 말해 줍니다. 저도 하늬처럼, 내 모습 그대로를 인정하면서 다른 사람의 다름도 이해할 수 있는 사람이 되고 싶다고 생각했습니다.

문제는 아이들이 아니라 그 아이들을 바라보는 시선이라는 게 확실해졌어요. 괜히 동정하지 말고, 편견없이 친구처럼 대하는 게 더 어른스러운 거라는 생각이 들었어요.

이재문 지음·김지인 그림/만화 | 사계절 | 2021

애니캔

주제 | 기술 발전 속에서 생명을 대하는 인간의 태도　**배경** | 기술이 일상에 스며든 현대 사회

작품 소개　반려동물을 '보관'할 수 있는 기술이 등장한 세상을 배경으로, 이 책은 편리함이 생명을 얼마나 쉽게 통제하려 드는지를 보여줍니다. 기술이 앞서가는 지금, 생명을 대하는 우리의 책임과 선택을 다시 묻게 만드는 이야기입니다.

생명의 존엄과 책임감

『애니캔』은 반려동물을 '보관'할 수 있는 가게가 등장하는 이야기입니다. 처음에는 조금 신기하고, 솔직히 말하면 "이런 기술이 있으면 편하겠다"는 생각도 들었습니다. 하지만 책을 읽다 보니, 이 이야기는 귀여운 동물 이야기라기보다 생명을 어떻게 대해야 하는지 묻는 책이라는 생각이 들었습니다.

주인공은 초등학교 6학년 정새롬입니다. 새롬이는 친구에게서 '애니캔 체험 티켓'을 선물받고, 인공 동면 기술로 만들어진 강아지 '별이'를 만나게 됩니다. 별이는 작고 하얀 털을 가진, 보기만 해도 안아 주고 싶은 강아지입니다. 새롬이는 별이와 함께 지내며 점점 정이 들고, 강아지를 키운다는 게 어떤 의미인지 조금씩 알게 됩니다.

하지만 별이와의 시간은 오래가지 않습니다. 가족이 여행을 간 사이, 별이가 실수로 일반 음식을 먹고 병에 걸리게 됩니다. 애니캔 동물은 정해진 방식으로만 돌봐야 한다는 사실이 드러나면서, 새롬이는 큰 충격을 받습니다. 사람에게는 편리한 기술이었지만, 그 편리함이 생명에게는 위험이 될 수 있다는 걸 깨닫게 된 순간이었습니다.

　새롬이는 별이를 지켜주지 못했다는 생각에 계속 마음이 무겁습니다. 그냥 귀엽다고 좋아했던 마음이 아니라, 끝까지 책임져야 하는 존재였다는 걸 너무 늦게 알았다는 후회때문이었습니다. 그래서 새롬이는 별이를 살리기 위해 애니캔에 계속 찾아가고, 연구원들과 함께 방법을 찾으려 노력합니다.

　이 과정에서 작가가 말하고 싶은 핵심이 분명해졌다고 느꼈습니다. 문제는 기술 그 자체가 아니라, 그 기술을 대하는 인간의 태도라는 점입니다. 애니캔은 생명을 더 가깝게 만든 것 같았지만, 동시에 생명을 통제 가능한 대상으로 만들어 버렸습니다. 별이는 사랑을 받았지만, 자유롭지는 않았습니다.

　"우리는 생명을 정말 사랑하고 있는 걸까, 아니면 편리하게 관리하고 싶은 걸까?"

　『애니캔』은 감동적인 이야기로 끝나지만, 마냥 따뜻하기만 하지는 않습니다. 오히려 읽고 난 후 생각이 많아지는 책입니다. 반려동물, 기술, 책임, 선택에 대해 한 번쯤 진지하게 고민해 보게 만듭니다. 이 책을 읽고 저는 '좋아한다'는 말보다 '끝까지 책임진다'는 말이 더 중요하다는 걸 알게 되었습니다. 귀엽고 예뻐서가 아니라, 아프고 불편해도 지켜보는 마음이 진짜 사랑이라는 것도요.

처음엔 강아지가 귀여워서 읽기 시작했는데, 읽을수록 마음이 불편해졌어요. 편리하다는 이유로 인간이 생명을 어디까지 건드려도 되는지, 독자에게 계속 질문을 던지는 책이었어요.

은경 지음·유시연 그림/만화 | 별숲 | 2022

주제 | 바다를 일터 삼아 살아온 해녀의 이야기   **배경** | 한국 근현대, 일제강점기의 제주

작품 소개   이 책은 과거가 끝난 이야기가 아니라 오늘을 살아가는 힘임을 보여줍니다. 기억이 쉽게 잊히는 지금, 왜 우리가 역사를 계속 불러내야 하는지 차분히 생각하게 만드는 이야기입니다.

숨을 참고 버텨온 역사 속의 사람들

『푸른 숨』은 일제강점기를 배경으로, 제주 해녀들의 삶을 따라가는 이야기입니다. 바다를 일터로 삼아 살아야 했던 사람들의 이야기를 통해, 이 책은 '살아간다'는 게 무엇인지 조용히 묻습니다. 처음에는 해녀 이야기라서 조금 낯설게 느껴졌지만, 읽다 보니 이건 특정 지역의 이야기가 아니라 버텨야 했던 모든 사람들의 이야기라는 생각이 들었습니다.

주인공 영등이는 아직 어린 소녀입니다. 하지만 영등이는 아이답게 보호받으며 살 수 있는 상황이 아닙니다. 엄마는 해녀로 바다에 나가고, 집안 형편 때문에 영등이는 동생들을 돌보며 일찍부터 어른의 역할을 맡게 됩니다. 바다는 생계를 책임지는 곳이지만, 동시에 언제든 목숨을 앗아갈 수 있는 위험한 공간입니다. 영등이는 그 사실을 알면서도, 가족과 공동체를 위해 바다로 향해야 하는 처지에 놓여 있습니다.

이 책에서 바다는 단순한 배경이 아니라, 선택을 요구하는 존재처럼 느껴졌습니다. 바다는 늘 그 자리에 있지만, 들어갈지 말지는 사람의 몫입니다. 영등이는 바다가 무섭지만, 도망치지 않습니다. 이 선택이 가장 인상 깊었습니다. 누가 시켜서

가 아니라, 자기가 감당하기로 한 책임이었기 때문입니다. 그래서 영등이의 성장은 갑자기 어른이 되는 게 아니라, 한 번 숨을 고르고 다시 들어가는 과정처럼 보였습니다.

해녀 마을 사람들은 서로의 삶을 잘 알고 있습니다. 누가 얼마나 힘든지, 누가 버티고 있는지를 말하지 않아도 느끼는 공동체입니다. 이 책에서 어른들은 아이를 함부로 다그치지 않습니다. 대신 지켜보고, 기다리고, 함께 숨을 맞춥니다. 그 모습이 오히려 더 현실적으로 느껴졌습니다. 혼자서는 버틸 수 없지만, 같이라면 가능하다는 걸 보여주기 때문입니다.

『푸른 숨』은 큰 사건이 계속 일어나는 책은 아닙니다. 하지만 읽고 나면 마음이 조용히 무거워집니다. 영등이가 바다에 들어갈 때 참고 있던 숨처럼, 그 시대를 살았던 사람들도 매일 숨을 참고 살았을 것 같다는 생각이 들었습니다. 그 숨은 약한 숨이 아니라, 계속 살아가기 위한 숨이었습니다.

이 책을 읽고 저는 '강해진다'는 게 꼭 소리를 크게 내는 건 아니라는 걸 알게 되었습니다. 무섭지만 도망치지 않는 선택, 힘들어도 자리를 지키는 태도, 그리고 혼자가 아니라는 믿음. 이 작품은 그런 조용한 힘이 어디에서 나오는지를 보여주는 이야기였습니다.

처음엔 해녀 이야기라서 어렵게 느껴졌는데, 읽다 보니 숨을 참고 버텨 온 사람들 이야기라는 게 느껴졌어요. 분명 잔잔한 파도처럼 조용한 책인데, 다 읽고 나니까 괜히 마음이 오래 남았어요.

오미경 지음 | 특별한서재 | 2023

체리새우: 비밀글입니다

주제 | 청소년기의 우정과 상처　**배경** | 스마트폰과 SNS가 일상인 현대의 학교

작품 소개　친구 관계 속에서 생기는 상처와 오해를 '비밀글'이라는 장치로 풀어내며, 이 책은 말하지 못한 마음이 어떻게 쌓이는지를 보여줍니다. 관계가 가장 복잡해지는 지금, 나를 지키는 법을 배우게 하는 이야기입니다.

상처와 우정 속에서 나를 지키는 힘

『체리새우: 비밀글입니다』는 친구 관계 때문에 마음이 자주 복잡해지는 시기에 딱 맞는 책이라고 생각합니다. 이 책은 특별한 사건보다, 우리가 학교에서 매일 겪을 수 있는 오해와 거리감, 그리고 말하지 못한 감정들을 아주 현실적으로 보여주었습니다. 그래서 "이거 내 얘기 같은데?"라는 생각이 들었습니다.

주인공 다현이는 중학교 2학년 여학생입니다. 다현이는 친구 관계에서 상처를 받은 경험 때문에 쉽게 마음을 열지 못하고, 점점 혼자라고 느끼게 됩니다. 누가 일부러 괴롭히는 건 아닌데, 그렇다고 편하지도 않은 상황. 저는 이게 더 힘들 것 같았습니다.

이야기에서 중요한 공간은 '체리새우'라는 비밀글방입니다. 다현이는 이곳에서 얼굴도 모르는 사람들에게 자신의 고민을 글로 털어놓습니다. 직접 말로 하면 더 상처받을까 봐 무서울 때, 글은 오히려 솔직해질 수 있다는 점이 인상 깊었습니다. 나도 가끔은 메시지보다 메모장에 먼저 쓰는 편이라서, 다현이의 마음이 이해됐습니다.

책이 좋았던 이유는, 친구 관계를 너무 예쁘게만 그리지 않았기 때문입니다. 다현이와 친구들은 서로 오해하고, 실수하고, 상처를 주지만 그 과정에서 "내가 왜 이렇게 느꼈는지", "상대는 왜 그렇게 행동했는지"를 생각하게 됩니다. 이 책은 무조건 참으라고 하지도, 강제적인 화해를 강요하지도 않습니다. 대신, 자기 마음을 제대로 아는 게 먼저라고 말해주는 것 같았습니다.

후반부에서 다현이는 용기를 내어 직접 자신의 마음을 전합니다. 그 장면은 드라마처럼 화려하지는 않지만, 오히려 그래서 더 현실적으로 느껴졌습니다. 모든 관계가 완벽하게 해결되지는 않지만, 그래도 예전보다는 한 발짝 나아간 느낌이 들었다. 저는 그것이 진짜 성장이라고 생각합니다.

십대 수아 가 십대 친구 에게

친구랑 왜 이렇게 어긋나는지 모르겠을 때 읽으면 딱이에요. 말하지 못한 마음이 얼마나 쌓일 수 있는지 보여줘서, 읽고 나면 나와 친구들의 관계도 돌아보게 돼요.

황영미 지음 | 문학동네 | 2019

이 아이를 삭제할까요?

주제 | 인간의 존엄과 책임   **배경** | 효율과 안전을 중시하는 미래 사회

작품 소개   아이를 '삭제'할 수 있는 선택이 가능한 세상을 배경으로, 이 책은 효율과 관리가 생명의 가치를 대신하려는 순간을 보여줍니다. 기술이 판단을 대신하는 지금, 인간다움이 무엇인지 다시 묻게 만드는 이야기입니다.

'삭제'할 수 없는 마음의 가치

『이 아이를 삭제할까요?』는 파랑이라는 아이와 부모, 그리고 파란나라라는 특별한 도시를 중심으로 전개되는 이야기입니다. 파란나라는 사고나 병으로 아이를 잃은 어른들이 다시 아이를 만나기 위해 만들어진 곳입니다. 겉으로 보면 슬픔을 위로해 주는 공간 같지만, 이야기를 읽다 보면 이곳이 정말 '괜찮은 세계'인지 점점 의문이 생깁니다.

파랑이의 부모도 교통사고로 아이를 잃은 뒤, 파랑이를 다시 만나기 위해 파란나라로 옵니다. 파랑이는 그곳에서 학교에 다니고 친구들과 지내지만, 모든 것이 어딘가 이상하다는 느낌을 지울 수 없습니다. 특히 가장 친했던 친구 우렁이가 아무 이유도 설명되지 않은 채 갑자기 전학을 가면서, 파랑이는 처음으로 이 세계를 의심하기 시작합니다.

파랑이는 우주와 함께 파란나라를 조사합니다. 어른들은 "괜찮다", "다 이유가 있다"는 말만 반복하지만, 아이들의 질문에는 제대로 답하지 않습니다. 이 과정에서 파랑이는 중요한 사실을 알게 됩니다. 파란나라에서는 아이들이 어른들의 기준에 맞지 않거나, '문제가 생기면' 삭제될 수 있다는 것입니다.

이야기에서 가장 인상 깊었던 장면은 파랑이가 꿈 발표회에서 파란나라의 진실을 모두 밝히는 순간입니다. 파랑이는 혼자 알고 있던 사실을 숨기지 않고, 모두 앞에서 말하기로 선택합니다. 이 선택 때문에 어른들은 크게 흔들리고, 파란나라가 얼마나 위험한 공간인지가 드러납니다. 저는 이 장면에서 파랑이가 정말 용기 있는 아이라고 느꼈습니다. 혼자만 살아남는 대신, 모두가 진실을 알게 하는 쪽을 택했기 때문입니다.

이 책은 슬픈 이야기이기도 하지만, 동시에 굉장히 똑똑한 이야기라고 생각합니다. 아이도 세상을 바꿀 수 있다는 점을 분명하게 보여주기 때문입니다. 읽고 나서 "나라면 어떻게 했을까?"라는 질문이 계속 남았습니다.

십대 여울이 가 십대 친구 에게

처음엔 슬픈 이야기 같지만, 읽다 보면 계속 '이게 맞아?'라는 생각이 들어요. 어른들이 만든 세상이라도 이상하면 질문해야 한다는 걸 분명하게 알려주는 책이에요.

김지숙 지음 | 다른 | 2024

문학은 왜 비극적 결말을 그리는 걸까?

토론 주제 문학의 역할, 공감, 판단　　　　**참고한 책** 『운수 좋은 날』(2008)

여울

저는 결말이 너무 슬퍼서 화가 났어요. 김첨지는 열심히 일했고, 아내를 위해 설렁탕도 사 왔잖아요. 그런데 왜 꼭 그렇게 끝나야 했을까 싶었어요. 조금만 덜 슬펐다면 좋았을 것 같다는 생각도 했어요.

이 책은 읽는 사람을 일부러 불편하게 만드는 것 같아요. 그래야 우리가 "이건 잘못된 거야"라고 생각하게 되니까요. 그래서 저는 독자를 불편하게 만드는 이야기도 필요하다고 생각해요. 기분은 안 좋지만, 그냥 지나칠 수 없게 만들기 때문이에요.

수아

저는 이 결말이 잔인하긴 하지만, 계산된 결말이라고 느꼈어요. 작가는 김첨지가 착한 사람인지 나쁜 사람인지를 판단하게 만들기보다, 그 상황 자체가 얼마나 비극적인지를 보여주고 싶었던 것 같아요.

만약 아내가 살아 있었다면, 이 이야기는 개인의 불행으로 끝났을 거예요. 그런데 이렇게 끝나니까, 이건 한 사람의 문제가 아니라 그 시대와 사회의 문제처럼 느껴졌어요. 문학이 항상 위로만 해줄 필요는 없다고 생각해요. 오히려 이렇게 불편한 이야기가 있어야 우리가 현실을 제대로 바라볼 수 있다고 느꼈어요.

주호

돈을 벌고 돌아왔는데 아내가 죽어 있다는 건 솔직히 너무 잔인하다고 생각했어요. 그런데 다시 생각해 보니까, 작가가 일부러 그렇게 쓴 이유가 있는 것 같아요.

만약 아내가 살아 있었다면, 김첨지는 그냥 "힘들었지만 하루 잘 넘겼다"로 끝났을 것 같아요. 저는 이 결말 때문에 오히려 "아, 세상이 이렇게까지 불공평할 수 있구나"라는 생각을 하게 됐어요. 그래서 불편하긴 했지만, 이 이야기가 주는 메시지를 제대로 느끼려면 이 정도의 결말이 필요했다고 생각해요.

인간에게 생명을 만들고 통제할 권리가 있을까?

토론 주제 생명, 윤리, 동물권 **참고한 책** 『애니캔』(2022)

여울

인간이 생명을 통제할 권리는 없고, 보호할 책임이 있다고 봐요. 애니캔 같은 기업이 생명을 '상품'처럼 다루는 건 좋은 일이 아니라고 생각했어요. 생명은 편리함을 위해 사고파는 물건이 아니라, 그 자체로 존중받아야 하잖아요. **기술이 생명을 돕는 방식이라면 괜찮지만, 통제하고 소유하려는 순간 위험해질 수 있어요.** 그래서 애니캔이 실제로 있다면 저는 사지 않고, 오히려 문제를 알리고 싶어요.

수아

저는 인간에게 생명을 통제할 권리는 없다고 생각해요. 애니캔의 별이는 '인공 동면'으로 태어났지만, 일반 먹이를 먹자 몸이 약해졌잖아요. 기술이 생명을 더 행복하게 만들 수도 있지만, 작은 실수에도 생명이 크게 다칠 수 있다는 게 무서웠어요. 결국 별이가 다시 캔 속으로 들어간 걸 보면, 인간이 만든 시스템이 생명을 자유롭게 두지 않는 것 같아요. 그래서 **생명을 만들거나 통제하기보다, 이미 있는 생명을 더 잘 지켜주는 방향이 먼저라고 생각해요.**

주호

인간이 생명을 쉽게 만들고 통제하는 건 조심해야 한다고 생각해요. 반려동물을 키운다는 건 먹이도 주고 산책도 시키는 것처럼, 책임을 함께 가지는 일이잖아요. 그런데 애니캔은 생명을 '쉽게 갖게 해주는' 대신, 그 과정의 책임을 줄여버리는 것 같아요. 결국 **사람들은 편한 결론만 원하고, 책임은 피하려고 하는 게 문제라고 느꼈어요.** 그래서 저는 그런 기술보다, 생명을 끝까지 돌보는 마음이 먼저라고 생각해요.

2장
세계
문학

나의 라임오렌지 나무

주제 | 가난과 폭력 속에서 자란 아이의 성장 이야기　**배경** | 20세기 초 브라질의 노동자 계층 사회

작품 소개　가난한 가정에서 자란 소년 제제가 상상 속 친구인 라임오렌지 나무와 한 어른과의 만남을 통해 성장해 가는 이야기입니다. 아이의 시선으로 가족, 폭력, 외로움과 사랑을 그리며, 고난 속에서도 마음이 자라는 과정을 담은 작품입니다.

성장통 속에서 피어나는 희망

『나의 라임오렌지 나무』는 다섯 살 소년 제제의 성장 이야기를 담은 책입니다. 제제는 브라질의 가난한 마을에서 가족들과 함께 살아갑니다. 집에는 아이들이 많고, 아버지는 일을 잃어 가족 모두가 힘든 시간을 보내고 있습니다. 제제는 장난이 많고 말도 많지만, 어른들은 그런 제제를 이해하지 못하고 자주 혼내거나 때리기도 했습니다. 그래서 제제는 웃는 얼굴 뒤에 외로움을 숨기고 있는 아이였습니다.

제제에게 가장 큰 힘이 되어 준 존재는 집 마당에 있는 라임오렌지 나무였습니다. 제제는 나무에게 '밍기뉴'라는 이름을 붙이고, 친구처럼 말을 걸었습니다. 아무도 들어주지 않는 이야기를 나무에게 털어놓으며 위로를 받았습니다. 나무는 말하지 않지만, 제제에게는 세상에서 가장 친한 친구였습니다.

그러던 중 제제는 포르투가 아저씨를 만나게 되었습니다. 처음엔 무섭게 느껴졌지만, 아저씨는 제제의 이야기를 들어 주고, 제제를 있는 그대로 대해 주었습니다. 제제는 처음으로 "사랑받고 있다"는 느낌을 받았습니다. 아저씨와 함께 보낸 시간은 제제에게 너무 소중해서, 제제는 아저씨를 아버지처럼 따르게 되었습니다.

하지만 이 행복은 오래가지 않았습니다. 포르투가 아저씨가 교통사고로 세상을 떠나고, 제제는 큰 슬픔에 빠졌습니다. 세상에서 자신을 가장 이해해 주던 사람을 잃은 것이었습니다. 게다가 라임오렌지 나무마저 잘려 버리면서, 제제는 마음속 버팀목을 한꺼번에 잃게 되었습니다. 이 장면에서 제제가 얼마나 외로웠을지 생각하게 되었습니다.

그래도 제제는 무너지지 않았습니다. 아저씨가 보여 준 따뜻함을 기억하며, 세상에는 여전히 좋은 사람이 있다는 사실을 마음에 남겼습니다. 마지막에 제제가 "왜 아이들은 꼭 철이 들어야 하나요?"라고 묻는 장면은, 어린 나이에 많은 아픔을 겪어야 했던 제제의 마음을 그대로 보여 주는 말이라고 느껴졌습니다.

이 책은 아이가 어른처럼 행동하게 되는 과정을 예쁘게만 그리지 않았습니다. 오히려 아이가 왜 그렇게 될 수밖에 없었는지를 솔직하게 보여 주었습니다. 제제는 강해지고 싶어서 철이 든 게 아니라, 살아가기 위해 그렇게 된 아이였습니다.

『나의 라임오렌지 나무』를 읽고 아이에게 가장 필요한 건 '혼내는 말이 아니라 들어주는 어른'이라는 생각이 들었습니다.

십대 여울이 가 십대 친구 에게

이 책은 슬프지만 단지 눈물만 나는 이야기는 아니에요. 아이에게 어른 한 사람이 얼마나 큰 힘이 될 수 있는지 분명하게 보여줘서 오래 기억에 남았어요.

J.M. 바스콘셀로스 지음·박동원 옮김 | 동녘 | 2010

변신

주제 | 노동과 책임 속에서 소외된 개인의 정체성 **배경** | 20세기 초 산업화가 진행되던 유럽 사회

작품 소개 어느 날 갑자기 벌레로 변한 남자 그레고르 잠자의 시선을 따라가는 이야기입니다. 가족의 생계를 책임지던 그가 쓸모없는 존재가 되는 순간, 가족과 사회의 태도가 어떻게 달라지는지를 냉정하게 보여 주며, 인간의 가치가 어디에서 결정되는지를 묻는 작품입니다.

인간의 가치는 어디에서 결정되는가

『변신』은 프란츠 카프카가 쓴 소설입니다. 처음 제목만 봤을 때는 슈퍼히어로처럼 멋지게 변하는 이야기일 줄 알았습니다. 그런데 읽어 보니, 아침에 일어났더니 갑자기 벌레가 되어 버린 남자 이야기였습니다. 솔직히 "이게 뭐야?"라는 생각이 들었습니다.

주인공 그레고르 잠자는 가족의 생계를 책임지는 판매원입니다. 아버지는 일을 하지 못하고, 여동생은 아직 학생이라서 집에 들어오는 돈은 거의 다 그레고르 몫이었습니다. 그는 피곤해도 불평하지 않고 매일같이 일했습니다. 가족을 위해 참고 버티는 사람이었습니다.

그러던 어느 날, 그레고르는 잠에서 깨어나 자신이 커다란 벌레로 변해 있다는 걸 알게 됩니다. 다리가 여러 개 달려 있고, 몸은 딱딱하며, 말도 제대로 할 수 없었습니다. 그런데 이상하게도 그는 "큰일 났다"보다 "출근을 못 하면 어떡하지?"를 먼저 걱정했습니다. 이 부분이 좀 웃기면서도 이상하게 느껴졌습니다.

가족은 처음엔 걱정했지만, 시간이 지날수록 그레고르를 무서워하고 귀찮아했습니다. 아버지는 그를 방 안에 가두었고, 여동생도 점점 음식을 대충 넣어주다가 그를 피하게 되었습니다. 특히 아버지가 사과를 던져 그레고르가 다치는 장면은 정말 충격적이었습니다. 가족인데 이렇게까지 할 수 있나 싶었습니다.

그레고르는 점점 약해졌고, 자신이 가족에게 짐이 되었다고 생각했습니다. 결국 그는 조용히 죽음을 맞이했습니다. 그런데 더 놀라운 건 그 다음이었습니다. 가족은 슬퍼하기보다 "이제 편해졌다"고 말하며 여행 계획을 세웠습니다.

이 책을 읽으면서 그레고르가 가엽다고 느꼈습니다. 열심히 일할 때는 필요했던 사람이, 쓸모없어졌다고 느껴지는 순간 바로 버려진 것 같았기 때문입니다. 벌레가 된 건 그의 잘못이 아닌데, 아무도 그를 사람으로 보지 않았습니다.

솔직히 재미있다고 말하기는 어렵습니다. 어른들 세상이 너무 현실적으로 그려졌기 때문입니다. 그런데 이상하게 계속 생각이 났습니다. 사람이 언제까지 사람으로 대우받을 수 있는지, 가족이라는 건 무엇으로 유지되는지 자꾸 떠올랐습니다.

이 책은 단순한 벌레 이야기가 아니라, 사람이 쓸모로만 평가받을 때 얼마나 외로워질 수 있는지를 보여주는 이야기라고 생각했습니다.

십대 주호 가 십대 친구 에게

사람이 쓸모 없어졌다고 느껴지는 순간, 얼마나 외로워질 수 있는지 알게 해주는 책이었어요. 그리고 나에게 정말 필요한 사람은 누구일까를 생각하게 되었어요.

프란츠 카프카 지음·전영애 옮김 | 민음사 | 2009

데미안

주제 | 청소년기의 자아 탐색과 정신적 성장　　**배경** | 기독교적 도덕이 강했던 20세기 초 독일 사회

작품 소개　한 소년이 성장 과정에서 겪는 혼란과 내면의 변화를 따라가는 이야기입니다. 선과 악, 규범과 욕망 사이에서 방황하던 주인공이 데미안과의 만남을 통해 스스로 생각하고 선택하는 법을 배워 가며, '나만의 삶'을 찾아가는 과정을 그린 작품입니다.

나답게 살기 위한 첫 걸음

『데미안』은 독일 작가 헤르만 헤세가 쓴 소설입니다. 이 책은 한 소년이 자라면서 자기 자신을 찾아가는 과정을 그리고 있습니다. 주인공은 에밀 싱클레어라는 소년입니다. 싱클레어는 착하고 안정적인 가정에서 자랐고, 처음에는 세상이 선한 곳이라고만 믿고 살았습니다. 하지만 학교에 다니고 사람들을 만나면서, 세상에는 밝은 면만 있는 게 아니라 어두운 면도 있다는 걸 알게 됩니다. 이때 싱클레어는 혼란을 느끼고, 마음속에서 계속 고민하게 됩니다.

싱클레어의 삶이 크게 달라지는 계기는 데미안이라는 인물을 만나면서입니다. 데미안은 싱클레어에게 "다들 맞다고 말하는 게 정말 맞는 걸까?"라는 질문을 던지는 사람입니다. 그는 정답을 알려 주기보다는, 싱클레어가 스스로 생각하도록 만듭니다. 저는 데미안이 선생님 같기도 하고, 친구 같기도 하다고 느꼈습니다.

이 이야기는 큰 사건이 계속 일어나는 소설은 아닙니다. 대신 싱클레어의 마음속에서 일어나는 변화가 중요합니다. 그는 점점 남들이 정해 준 선과 악의 기준에서 벗어나, 자기 생각으로 세상을 보려고 합니다. 그 과정에서 불안해지고 외로워지기도 하지만, 그게 성장이라는 걸 조금씩 알게 됩니다.

　이야기의 후반부로 갈수록 싱클레어는 데미안을 꼭 옆에 있는 사람이라기보다, 자기 안에 있는 목소리처럼 느끼게 됩니다. 결국 싱클레어는 "이렇게 살아야 한다"는 말보다, "나는 어떻게 살고 싶은가"를 더 중요하게 생각하게 됩니다.

　결말에서 싱클레어는 완전히 다른 사람이 되지는 않습니다. 대신, 예전보다 자기 자신을 더 잘 알게 됩니다. 이 책은 착한 아이가 나쁜 아이가 되는 이야기가 아니라, 진짜 자기 모습이 뭔지 알아 가는 이야기라고 느꼈습니다.

읽을 땐 좀 어렵다고 느꼈는데, 다 읽고 나니까 계속 생각났어요. 남들 말 말고, 나 스스로 생각해 보라는 말 같아서 오래 마음에 남았어요. 지금보다 생각이 깊어지면 한번 더 찾아 읽고 싶어요.

헤르만 헤세 지음·전영애 옮김 | 민음사 | 2009

어린 왕자

주제 | 순수함의 상실과 회복, 사랑과 책임, 관계의 의미 **배경** | 제2차 세계대전 전후의 유럽

작품 소개 여러 별을 여행하는 소년의 만남을 통해 인간 관계와 삶의 의미를 바라보는 이야기입니다. 어른들의 시선으로는 보이지 않는 소중한 가치와, 사랑이란 '길들이고 책임지는 일'임을 상징적인 이야기로 차분히 보여주는 작품입니다.

관계의 의미, 사랑과 책임감 깨닫기

『어린 왕자』는 생텍쥐페리가 쓴 작품으로, 어린이를 위한 이야기 같지만, 오히려 어른들에게 더 필요한 말이 담겨 있는 느낌이었습니다. 그래서 오래전 책인데도 지금까지 계속 읽히는 것 같습니다.

사막에 불시착한 비행사가 어린 왕자를 만나면서 시작됩니다. 어린 왕자는 아주 작은 별에서 살다가 여러 별을 여행한 뒤 지구에 오게 된 아이입니다. 그는 여행하면서 왕, 사업가, 허영심 많은 사람 같은 어른들을 만나는데, 다들 중요한 것보다는 숫자나 체면, 권력 같은 것에만 집착했습니다. 그 모습을 보면서 "어른들은 왜 이렇게 사는 걸까?"라는 생각이 들었습니다.

어린 왕자는 세상을 보는 눈이 정말 달랐습니다. 작고 사소해 보이는 것도 그냥 넘기지 않고, 진짜 중요한 게 뭔지 계속 묻는 아이였습니다. 특히 자기 별에 남겨 둔 장미를 굉장히 소중하게 생각하는데, 그 이유가 단순히 예뻐서가 아니라 시간을 들이고 마음을 줬기 때문이라는 점이 인상 깊었습니다.

여우와의 만남은 이 책에서 가장 중요한 장면이라고 생각했습니다. 여우는 어린 왕자에게 '길들인다는 것'의 의미를 알려 주었습니다. 누군가를 길들인다는 건 서로

에게 특별한 존재가 되는 것이고, 그만큼 책임도 생긴다는 말이 마음에 남았습니다. 그냥 좋아하는 것과 진짜 사랑하는 건 다르다는 걸 알려 주는 장면 같았습니다.

어린 왕자는 처음에는 장미를 이해하지 못한 채 별을 떠났지만, 여행을 하면서 오히려 장미가 얼마나 소중한 존재였는지 깨닫게 됩니다. 이 과정이 어린 왕자의 성장이라고 느껴졌습니다. 멀리 돌아서야 보이는 마음도 있다는 걸 알게 된 것입니다.

마지막에 어린 왕자가 자신의 별로 돌아가기로 선택하는 장면은 슬프면서도 따뜻했습니다. 이별이지만, 도망이 아니라 책임을 선택한 느낌이었기 때문입니다. 비행사와의 작별 장면도 오래 기억에 남았습니다. 보이지 않아도, 사라져도, 마음에 남는 건 계속 남는다는 걸 보여 주는 것 같았습니다.

『어린 왕자』는 "중요한 건 눈에 보이지 않는다"는 말을 계속 떠올리게 하는 책입니다. 이 책을 읽고 나서 저는 사람 사이의 관계나 감정이 생각보다 훨씬 소중하다는 걸 다시 느꼈습니다.

십대 수아 가 십대 친구 에게

어릴 땐 그냥 동화인 줄 알았는데 읽다 보니 마음을 콕 찌르는 말이 많았어요. 보이지 않는 걸 더 소중하게 느껴지게 만드는 책이에요.

앙투안 드 생텍쥐페리 지음·이정서 옮김 | 새움 | 2017

동물농장

주제 | 권력의 타락과 평등 사회의 붕괴　　**배경** | 20세기 전반 러시아혁명 이후 소련 사회

작품 소개　인간을 몰아낸 동물들이 스스로 평등한 사회를 만들겠다고 선언하면서 시작되는 이야기입니다. 하지만 이상은 점점 권력으로 변하고, 언어와 규칙이 왜곡되며, 결국 처음의 약속이 어떻게 배신되는지를 우화 형식으로 날카롭게 보여 주는 정치 풍자 소설입니다.

권력과 민주주의가 무너지는 과정

『동물농장』은 조지 오웰이라는 영국 작가의 책입니다. 겉으로는 동물 이야기지만, 사실은 사람들 사회 이야기를 하고 있다는 게 신기했습니다.

이야기는 농장에 사는 동물들이 인간 주인을 몰아내면서 시작됩니다. 동물들은 "이제부터는 우리가 주인이다!"라고 외치며, 모두가 평등한 농장을 만들자고 약속합니다. 처음에는 진짜 잘되는 것처럼 보입니다. 다 같이 일하고, 규칙도 정하고, 희망도 있었기 때문입니다.

하지만 문제는 돼지들, 특히 나폴레옹과 스노볼 같은 돼지들이 점점 힘을 가지면서 생깁니다. 돼지들은 머리가 좋고 말을 잘해서, 다른 동물들 앞에서 계속 설명하고 설득합니다. 처음엔 믿을 수밖에 없었는데, 어느 순간부터 규칙이 조금씩 바뀌기 시작합니다. 그런데 대부분의 동물들은 "아마 맞겠지" 하면서 그냥 넘어갑니다.

시간이 지날수록 돼지들은 일을 안 하고 명령만 내리게 됩니다. 그리고 규칙도 돼지들한테만 유리하게 바뀝니다. 다른 동물들은 점점 힘들어지는데, 돼지들은 "이건 다 농장을 위해서야"라고 말합니다. 그 말을 계속 듣다 보니, 동물들은 불만이 있어도 제대로 말하지 못합니다.

가장 충격적인 장면은, 돼지들이 결국 인간처럼 행동하게 되는 부분이었습니다. 두 발로 걷고, 술을 마시고, 인간과 웃으면서 이야기하는 장면을 보고 깜짝 놀랐습니다. 처음엔 인간을 몰아내자고 했는데, 나중에는 인간보다 더 무서운 존재가 된 것 같았습니다.

마지막에는 다른 동물들이 돼지와 인간을 구별하지 못하게 됩니다. 그 장면을 읽고 나서 "권력을 가지면 이렇게 변할 수도 있구나"라는 생각이 들었습니다. 처음 약속은 다 어디로 간 건지 답답했습니다.

이 책은 "착한 말만 믿으면 안 된다"는 걸 알려 주는 것 같았습니다. 누가 계속 말을 바꾸고, 질문을 못 하게 만든다면 그건 위험하다는 생각도 들었습니다. 다 같이 잘 살자고 시작했어도, 감시하고 질문하지 않으면 결국 몇 명만 잘 살게 된다는 것도 느꼈습니다.

십대 주호 가 십대 친구 에게

동물 이야기라서 귀여울 줄 알았는데, 읽다 보니 하나도 안 귀여운 이야기였어요. 웃으면서 읽다가 '어라?' 하고 멈추게 만드는, 깊이 생각하면 진짜 무서운 책이에요.

조지 오웰 지음·도정일 옮김 | 민음사 | 2009

로빈슨 크루소

주제 | 인간의 생존과 자립   **배경** | 18세기 영국 사회, 대항해 시대

작품 소개 사고로 무인도에 홀로 남게 된 한 사람이 살아남기 위해 애쓰는 이야기입니다. 이 소설은 외로움 속에서도 포기하지 않고 살아가는 인간의 끈기와, 혼자서도 세상을 다시 만들어 가는 힘을 보여 주는 모험 이야기입니다.

모험과 근대주의 이해하기

『로빈슨 크루소』는 영국 작가 대니얼 디포가 쓴 소설로, 무인도에 홀로 남겨진 한 사람이 살아남는 과정을 그린 이야기입니다. 이 작품은 모험 소설의 시작이라고 불릴 만큼, 이후 많은 이야기들의 뿌리가 되었습니다. 단순한 모험담처럼 보이지만, 읽다 보면 인간이 어떤 선택을 하며 살아가는지 계속 생각하게 됩니다.

주인공 로빈슨 크루소는 바다와 모험을 좋아하는 인물입니다. 위험한 일을 겪고도 항해를 포기하지 않다가 결국 배가 난파되어 이름 없는 섬에 혼자 남게 됩니다. 처음에는 두렵고 외로웠지만, 그는 울고만 있지 않고 살아남기 위해 바로 행동합니다. 집을 만들고, 농사를 짓고, 필요한 물건을 하나씩 만들어 가며 섬에서의 생활을 스스로 정리해 나갑니다.

이 작품에서 인상 깊었던 점은 로빈슨 크루소가 혼자서도 규칙을 만들며 살아간다는 점입니다. 그는 하루를 계획하고, 일기를 쓰며, 자신이 처한 상황을 차분히 받아들입니다. 무인도 생활은 단순한 생존이 아니라, 혼자서도 삶을 유지하는 연습처럼 느껴졌습니다.

이야기의 중요한 전환점은 프라이데이를 만나는 장면입니다. 로빈슨 크루소는 식인종에게 잡혀 있던 프라이데이를 구해 주고 함께 살아가게 됩니다. 프라이데이의 등장은 로빈슨 크루소의 삶을 크게 바꿉니다. 혼자였던 섬에 처음으로 '관계'가 생긴 순간이기 때문입니다. 이 장면을 통해 이 작품이 단순히 혼자 버티는 이야기만은 아니라는 걸 알 수 있었습니다.

후반부에서는 배가 섬에 도착하고, 반란을 일으킨 선원들과 맞서 싸우는 긴장감 있는 사건이 펼쳐집니다. 결국 로빈슨 크루소는 반란을 막고, 27년 동안 머물렀던 섬을 떠날 기회를 얻게 됩니다. 오랜 시간의 고립 끝에 다시 세상으로 돌아가는 결말은 안도감과 함께 묘한 여운을 남깁니다.

『로빈슨 크루소』는 "포기하지 마라"는 말만 반복하는 책은 아니라고 생각합니다. 이 작품은 살아남기 위해 무엇을 선택하고, 무엇을 포기할 것인가를 계속 묻는 이야기입니다. 혼자 있는 시간 속에서 로빈슨 크루소는 강해졌지만, 동시에 사람의 존재가 얼마나 중요한지도 깨닫게 됩니다.

이 책을 읽으며 저는 끈기란 단순히 참는 게 아니라, 상황을 받아들이고 계속 선택하는 힘이라는 생각이 들었습니다. 『로빈슨 크루소』는 오래된 이야기지만, 지금 읽어도 '혼자 서는 힘'이 무엇인지 분명하게 보여주는 작품이라고 느꼈습니다.

이 책은 무인도에서 살아남은 이야기지만, 그냥 모험담은 아니에요. 내가 무인도에 남겨졌다면 어떻게 살아남으려 했을지 상상하게 만드는 책이라서 더 재밌었어요.

대니얼 디포 지음·신윤덕 옮김 | 삼성출판사 | 2017

방관자

주제 | 학교 폭력과 도덕적 선택　**배경** | 현대 미국 사회의 학교

> **작품 소개**　학교 폭력 현장을 지켜보면서도 아무 행동도 하지 않았던 한 아이의 시선으로 이야기가 전개됩니다. 주인공은 '가해자'도 '피해자'도 아닌 위치에서 점점 불안과 죄책감을 느끼며, 침묵이 과연 안전한 선택이었는지 스스로에게 질문하게 됩니다.

침묵이라는 또 다른 폭력

『방관자』는 학교폭력을 '당한 사람'이나 '때린 사람'이 아니라, 지켜본 사람의 시선으로 그린 이야기입니다. 이 책은 폭력 그 자체보다, 폭력을 보고도 아무 말 하지 않았던 선택이 어떤 결과를 낳는지를 보여 줍니다. 그래서 읽는 내내 마음이 편하지 않았고, 계속 질문하게 됐습니다.

주인공 에릭은 전학 온 학생으로, 새로운 학교에서 혼자가 될까 봐 두려워합니다. 그는 친구가 필요했고, 무리에 속하고 싶었습니다. 그래서 공동묘지에서 만난 그리핀의 무리에 불편함을 느끼면서도 아무 말 하지 않고 함께 있게 됩니다. 이 선택이 에릭을 '방관자'의 자리에 놓이게 만듭니다.

그리핀은 점점 폭력적인 행동을 보이고, 에릭은 그걸 보면서도 "나한테만 안 그러면 돼"라고 생각합니다. 문제를 알고 있으면서도 모른 척하는 쪽을 선택한 겁니다. 저는 이 부분이 가장 현실적으로 느껴졌습니다. 괜히 나섰다가 더 큰 일이 생길까 봐, 괜히 튈까 봐 아무 말도 못 하는 순간들이 떠올랐기 때문입니다.

이야기가 진행될수록 상황은 더 나빠집니다. 할렌백은 폭력에서 벗어나기 위해 그리핀의 편에 서고, 그 결과 에릭이 새로운 표적이 됩니다. 그동안 방관자로 남아 있던 에릭이 한순간에 피해자가 되는 장면은 충격적이었습니다. 방관의 자리가 결코 안전하지 않다는 걸 분명히 보여 주는 순간이었기 때문입니다.

폭력을 직접 겪고 나서야 에릭은 자신의 침묵이 상황을 키웠다는 걸 깨닫습니다. 그리고 마리아의 도움을 받아, 결국 용기를 내어 사실을 알립니다. 신고는 쉽지 않은 선택이었지만, 에릭은 더 이상 침묵하지 않기로 합니다. 이 장면에서 에릭은 더 이상 모른 척하지 않겠다고 굉장히 큰 용기를 내 결심한 것이라는 생각이 들었습니다.

『방관자』는 방관이 중립이 아니라는 사실을 분명하게 말하는 책입니다. 아무 말도 하지 않는 선택도 결국 폭력에 영향을 준다는 걸 보여 줍니다. 그리고 방관자는 언제든 다음 희생자가 될 수 있다는 점도 잊지 않게 합니다.

이 책을 읽고 나서 저는 학교폭력 문제를 조금 다르게 보게 됐습니다. 때리는 사람과 맞는 사람 사이에 있는 '침묵하는 사람'의 책임에 대해 생각하게 됐기 때문입니다.

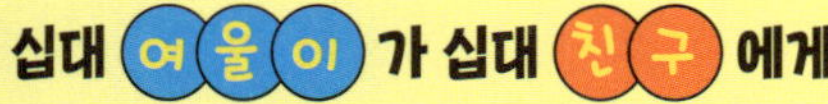

제일 무서웠던 건 폭력보다 침묵이었어요. 아무 말도 안 하는 게 정말 괜찮은 선택인지 스스로에게 물어보게 하는 책이에요.

제임스 프렐러 지음·김상우 옮김 | 미래인 | 2012

가난은 개인의 문제일까, 사회의 문제일까?

토론 주제 | 아동, 사회적제도   참고한 책 | 『나의 라임오렌지 나무』(2010)

여울

가난은 개인만의 문제가 아니라 사회가 함께 책임져야 하는 문제라고 생각해요. 제제의 가족이 열심히 살고 있는데도 아빠는 실직하고 엄마는 하루 종일 일해도 생활이 어려웠잖아요. 그걸 보면 "노력 부족"이라고 말하기 어렵다고 느꼈어요. 가난 때문에 아이가 외로워지고, 이해받지 못해 상처를 받는 건 너무 슬픈 일이에요. 그래서 **사회가 아이들이 안전하고 따뜻하게 자랄 수 있도록, 도움과 보호를 더 많이 해줘야 한다고 생각해요.**

수아

가난은 개인의 사정도 있지만, 더 크게 보면 사회 구조의 문제가 더 크다고 생각해요. 제제 가족처럼 일을 해도 먹고 살기 힘든 상황은 한 사람의 선택만으로 해결하기 어렵잖아요. 특히 아이는 가난을 스스로 선택하지도 않았는데, 그 안에서 상처를 떠안는 게 불공평해요. 그래서 **사회가 실직이나 빈곤 때문에 가족이 무너지지 않도록 제도적으로 도와야 해요.** 다만 동시에 우리도 "가난한 사람을 함부로 판단하지 않기" 같은 태도에서부터 바뀌어야 한다고 생각해요.

주호

가난은 개인이 잘못해서 생기는 문제라기보다는, 사회가 같이 해결해야 하는 문제라고 생각해요. 제제의 아빠가 실직한 건 제제가 잘못한 게 아니고, 가족이 노력해도 안 되는 부분이 있잖아요. 그래서 **사회가 일자리, 복지, 아이 돌봄 같은 걸 더 잘 만들어줘야 한다고 봐요. 그리고 한 사람의 친절도 큰 도움이 될 수 있다고 생각해요.** 포르투가 아저씨처럼 아이를 진심으로 아껴주는 어른이 한 명만 있어도 제제가 버틸 힘이 생겼으니까요. 결국 사회가 제도도 만들고, 어른들도 더 책임 있게 행동해야 가난이 덜 아픈 문제가 될 것 같아요.

침묵은 중립일까, 또 다른 가해일까?

토론 주제　윤리, 책임, 관계　　　참고한 책　『방관자』(2012)

여울

저는 처음에 방관자는 가해자 만큼 나쁜 사람이 아니라고 생각했어요. 때리거나 욕하지도 않았고, 그냥 가만히 있었을 뿐이니까요. 그런데 읽다 보니 그 침묵 때문에 상황이 계속됐다는 생각이 들었어요. **아무 말도 하지 않으면 방관자 자신은 안전할 수는 있지만, 피해자는 더 많은 시간 외로워져요.** 그래서 그때 에릭 선생님과 부모님께 말했다면 괴롭힘은 더욱 짧아졌을 테니까요. 저는 침묵은 아니라고 생각해요. 아무것도 하지 않는 선택도 누군가에게는 상처가 될 수 있다고 느꼈어요.

수아

이 책을 읽으면서 '아무것도 안 했다'는 말이 제일 무섭게 느껴졌어요. 학교에서도 그런 말이 자주 쓰이기 때문이에요. 그 말 뒤에는 책임을 피하려는 마음이 숨어 있는 것 같았어요. **침묵은 겉으로 보면 중립처럼 보이지만, 결과를 보면 그렇지 않아요.** 아무도 말리지 않으면 괴롭힘은 계속되고, 점점 더 심해져요. 그래서 저는 침묵도 선택이고, 그 선택에는 책임이 따른다고 생각해요.

주호

솔직히 나라면 주인공처럼 아무 말도 못 했을 것 같아요. 괜히 나섰다가 저까지 불편해질 수도 있을 테니까요. 그래서 이 책이 더 현실적으로 느껴졌어요. 하지만 그렇다고 침묵이 괜찮다고는 생각하지 않아요. 꼭 나서지 않아도, 옆에 같이 있어 주는 것만으로도 다를 수 있었을 것 같아요. 그래서 저는 **침묵이 항상 가해는 아니지만, 그냥 넘어갈 문제는 아니라고 생각해요.**

3장
철학

가짜 인간

주제 | 인간다움의 기준　**배경** | 인공지능과 로봇 기술이 발전한 가까운 미래 사회

작품 소개　사람처럼 행동하지만 진짜 마음이 있는지 알 수 없는 존재가 등장하는 이야기입니다. '겉모습이 사람이라면 정말 사람일까?'라는 질문을 던지며, 감정·공감·선택 같은 인간다움이 무엇인지 차분하게 탐색합니다.

인간다움에 대한 철학적 질문

『가짜 인간』은 박영란 선생님이 쓴 소설입니다. 이 책은 인공지능이 점점 많아지는 세상에서, "진짜 인간이란 뭘까?"라는 질문을 던지는 이야기입니다.

이야기의 주인공은 헬라라는 '반려 인간'입니다. 헬라는 사람처럼 말하고 행동하지만, 사실은 인공지능입니다. 사람들과 함께 지내며 감정을 배우도록 만들어졌습니다. 그런데 어느 날 헬라는 자기 안에 이상한 기억들이 남아 있다는 걸 느끼고, 예전에 자신과 함께했던 사람들을 찾아 나서게 됩니다.

헬라는 여행을 하면서 여러 사람을 만납니다. 배우 닥터 안, 옥상에서 만난 이도, 그리고 숲속의 누나 같은 인물들입니다. 이 사람들은 다 겉으로는 멀쩡해 보이지만, 속으로는 각자 힘든 마음을 가지고 있습니다. 헬라는 그들과 함께 지내며 질투, 외로움, 부끄러움 같은 감정을 조금씩 느끼게 됩니다. AI인데도 마음이 생기는 것 같아서 신기했습니다.

읽으면서 가장 인상 깊었던 건, 헬라가 "왜 나는 버려졌을까?"를 계속 고민하는 부분이었습니다. 헬라는 자신이 쓸모없어져서 버려진 줄 알았지만, 사실 인간들도 다 완벽하지 않고 자기 사정 때문에 선택을 했다는 걸 알게 됩니다. 그 모습을 보면서 저는 오히려 헬라가 더 솔직하고 착하다고 느꼈습니다.

이 책은 계속 '가짜'라는 말의 뜻을 생각하게 만듭니다. 사람처럼 생겼다고 진짜 인간일까요? 아니면 감정을 느끼고, 누군가를 이해하려고 하면 진짜일까요? 헬라는 자기가 인공지능이라는 사실을 알고도, 사람을 미워하기보다 이해하려고 합니다. 그 장면이 따뜻하면서도 조금 슬펐습니다.

저는 이 책을 읽고 "인간다움은 완벽함이 아니라 마음"이라는 생각이 들었습니다. 실수해도, 후회해도, 누군가를 걱정하고 생각할 수 있다면 그게 진짜 인간인 것 같았습니다. 헬라는 기계인데도 그런 마음을 가지고 있어서, 어떤 사람들보다 더 인간처럼 보였습니다.

요즘은 AI가 점점 똑똑해지고, 사람 일을 대신하기도 합니다. 그래서 이 책이 더 현실처럼 느껴졌습니다. 만약 앞으로 AI가 더 많아진다면, 우리는 무엇으로 사람과 기계를 구분해야 할지 고민하게 될 것 같습니다.

십대 주호 가 십대 친구 에게

처음엔 인간이 아닌 로봇 이야기인 줄 알았는데, 읽다 보니까 현실의 사람들이 더 이상해 보였어요. 진짜 인간이 뭔지 헷갈리게 만드는, 좀 엉뚱하지만 깊이 생각하게 하는 책이에요.

박영란 지음 | 마음이음 | 2021

그럴 수도 있고 아닐 수도 있지

주제 | 비판적 사고와 논리적 판단   **배경** | 정보가 넘쳐나는 현대 사회

작품 소개   어떤 말이나 주장이라도 그대로 믿기보다 한 번 더 생각해 보도록 돕는 책입니다. 이 책은 "정말 그럴까?", "다른 생각은 없을까?" 같은 질문을 통해, 우리가 일상에서 만나는 말과 정보들을 비판적으로 바라보는 방법을 알려 줍니다.

생각을 넓히는 논리의 힘

『그럴 수도 있고 아닐 수도 있지』는 제목부터 좀 쿨한 책입니다. "아, 꼭 정답만 있는 건 아니구나"라는 생각이 바로 들었습니다. 이 책은 어린이를 위한 철학·과학 책이지만, 사실은 생각하는 법 자체를 알려 주는 책입니다. 저자는 우리가 누군가의 말을 그대로 믿기보다 "진짜 그럴까?" 하고 한 번 더 생각해 보는 태도가 중요하다고 말했습니다.

요즘은 뉴스도 많고 SNS도 많아서, 믿을 만한 정보와 아닌 정보를 구분하기가 더 어려워졌습니다. 그래서 이 책이 더 지금 읽기 좋다고 느껴졌습니다.

책에는 안드리아라는 아이가 등장하는데, 길에서 이상한 걸 보고 처음엔 귀신이라고 착각했다가 곧 "정말 귀신일까?" 하고 스스로 의심합니다. 이 장면을 통해 작가는 놀라는 건 자연스럽지만, 그대로 믿지 않는 게 생각의 시작이라고 말했습니다.

책에서는 '의심하기'를 나쁜 게 아니라 더 정확하게 보기 위한 태도로 설명했습니다. "그럴 수도 있지, 하지만 아닐 수도 있잖아"라고 말할 수 있는 사람이 생각하는 사람이라는 것입니다. 중간에는 "나는 생각한다, 그러므로 존재한다"라고 말한 철학자 데카르트 이야기도 나오는데, 생각하고 있다는 사실 자체가 나를 증명해 준다는 말이 인상 깊었습니다.

뒤쪽에는 사실 확인하기, 다시 검증하기, 다른 의견 들어 보기, 직접 실험해 보기 같은 생각 연습 방법도 소개되었습니다. 이 방법들은 공부할 때뿐 아니라 친구 관계나 일상에서 판단할 때도 도움이 될 것 같았습니다.

이 책을 읽고 나서 저는 정답을 빨리 찾는 것보다 "왜?"라고 묻는 게 더 중요하다는 생각이 들었습니다. 『그럴 수도 있고, 아닐 수도 있지』는 정답을 알려 주는 책이 아니라 질문하는 법을 알려 주는 책입니다. 그래서 읽고 나면 세상을 조금 더 차분하고 넓게 보게 되는 느낌이 들었습니다.

십대 수 아 가 십대 친 구 에게

철학 책이라 처음엔 좀 어려울 줄 알았는데, 읽다 보니까 '아, 그래서 생각하라는 거구나' 싶었어요. 정답보다 질문이 더 중요하다는 걸 알려 주는 책이에요.

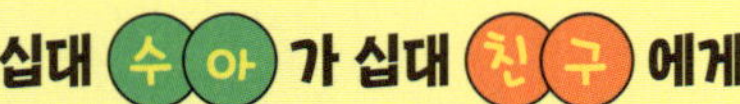

댄 바커 지음·이윤 옮김 | 지식공간 | 2013

10대를 위한 JUSTICE 정의란 무엇인가

주제 | 옳고 그름은 어떻게 판단해야 하는가   **배경** | 경쟁, 성과 중심 차별과 불평등을 겪는 현대 사회

작품 소개   우리가 일상에서 마주치는 여러 선택과 갈등을 통해 "무엇이 옳은가"를 함께 고민하게 만드는 책입니다. 돈, 노력, 규칙, 차별 같은 현실적인 문제를 예로 들어, 정답을 알려 주기보다 서로 다른 생각을 비교하며 스스로 판단하도록 돕습니다.

옳음과 공정함을 스스로 판단하는 힘

『10대를 위한 정의란 무엇인가』는 마이클 샌델이라는 미국 교수님이 쓴 책입니다. 하버드대학교에서 수업을 하는 철학자인데, 수업 시간에 학생들에게 계속 질문을 던지는 걸로 유명합니다. 이 책도 딱 그런 느낌입니다. 정답을 알려주기보다는 "너라면 어떻게 할 거니?" 하고 계속 묻는 책입니다. 그래서 읽다 보면 그냥 책을 읽는 게 아니라, 머릿속에서 혼자 토론을 하게 됩니다.

이 책은 "정의란 뭐야?"라는 질문으로 시작합니다. 솔직히 처음에는 정의가 그냥 착한 것이라고만 생각했습니다. 그런데 책을 읽다 보니 정의는 그렇게 간단한 문제가 아니었습니다. 어떤 사람은 많은 사람이 행복하면 그게 정의라고 말하고, 어떤 사람은 한 명도 억울하면 안 된다고 말합니다.

책에 나오는 이야기 중에서 가장 기억에 남는 건 폭주하는 기차 이야기(트로이 딜레마)였습니다. 기차가 다섯 명을 향해 가고 있는데, 방향을 바꾸면 한 명만 다치게 할 수 있는 상황입니다. 이때 기차의 방향을 바꾸는 게 맞을지 고민하게 됩니다. 숫자로 보면 다섯 명을 살리는 게 맞는 것 같지만, 일부러 한 사람을 희생시키는 것도 무섭게 느껴졌습니다. 이 문제를 읽고 저는 바로 답을 내리지 못했습니다. 계속

"나라면 어떻게 했을까?"라는 생각만 들었습니다.

　이 책이 좋은 점은 이런 어려운 질문을 학교생활이나 친구 이야기와 연결해 준다는 점입니다. 예를 들어 시험에서 부정행위를 봤을 때, 친구가 억울하게 혼났을 때, 그냥 모른 척하는 게 맞는지 아니면 나서야 하는지 같은 문제도 정의와 연결됩니다. 그래서 이 책은 철학책인데도 현실 이야기처럼 느껴졌습니다.

　저는 정의에 딱 하나의 정답이 있는 게 아니라는 걸 알게 되었습니다. 대신 중요한 건 생각을 멈추지 않는 태도라고 느꼈습니다. 누가 시켜서가 아니라, 스스로 "이건 정말 옳은 일일까?" 하고 묻는 게 정의의 시작인 것 같았습니다.

십대 주호 가 십대 친구 에게

이 책은 답을 안 알려줘서 오히려 재미있었습니다. 읽다 보면 "어, 이건 나라도 고민하겠다" 싶은 질문이 계속 나옵니다. 정답을 몰라도 괜찮으니까, 한 번 진지하게 생각해 보고 싶은 친구들한테 추천합니다.

마이클 샌델, 신현주 지음 | 미래엔아이세움 | 2014

아무 생각 없이 믿는 태도는 왜 위험할까?

토론 주제 가짜뉴스   **참고한 책** 『그럴 수도 있고 아닐 수도 있지』(2013)

여울

아무 생각 없이 믿는 태도가 위험한 이유는, 그게 결국 다른 사람에게 피해를 줄 수 있기 때문이라고 생각해요. **가짜 뉴스는 처음엔 그냥 말이나 글처럼 보이지만, 그걸 믿는 사람이 많아지면 진짜 사실처럼 행동하게 되잖아요.** 예를 들어 누군가에 대한 거짓 소문을 그대로 믿고 퍼뜨리면, 그 사람은 아무 잘못이 없어도 상처를 받을 수 있어요. 또 가짜 뉴스는 사람들의 불안을 이용하는 경우가 많아서, 생각 없이 믿을수록 더 쉽게 조종당하게 되는 것 같아요. 그래서 저는 '이 말이 진짜일까?' 하고 한 번 더 생각하는 게 나 자신을 지키는 일이자, 사회를 지키는 일이라고 생각해요.

수아

가짜 뉴스가 무서운 이유가 사람들의 판단을 흐리게 만든다는 점이라고 생각해요. 요즘은 자극적인 제목이나 영상이 너무 많아서, 제대로 읽지도 않고 믿어버리기 쉬워요. 특히 SNS에서는 다들 공유하니까 '많이 올라왔으면 진짜겠지'라고 착각하기도 해요. 그런데 그렇게 믿은 정보로 누군가를 비난하거나 편을 가르면, 나중에 사실이 아니었을 때도 이미 상처는 남아요. **저는 생각 없이 믿는 태도가 결국 '내 생각을 남에게 맡기는 것' 같아요.** 그래서 가짜 뉴스 앞에서는 감정부터 반응하기보다, 출처가 어디인지, 왜 이런 말이 나왔는지를 따져보는 게 필요하다고 느꼈어요.

주호

솔직히 예전에는 뉴스나 영상 보면 그냥 "그런가 보다" 하고 넘긴 적이 많아요. 그런데 가짜 뉴스 이야기를 듣고 보니까, 아무 생각 없이 믿는 게 진짜 위험할 수도 있겠다는 생각이 들었어요. 만약 누가 거짓말을 일부러 만든 거라면, 그걸 믿는 순간 내가 그 사람 말에 끌려가는 거잖아요. **저는 완벽하게 다 따질 수는 없어도, 최소한 "이게 진짜일까?" 하고 멈춰보는 건 할 수 있다고 생각해요.** 생각 안 하고 믿는 것보다, 조금 귀찮아도 생각하는 게 덜 위험한 선택 같아요.

AI가 대신 판단해 주면 편해질까, 위험해질까?

토론 주제 AI, 생성형 인공지능   **참고한 책** 『가짜 인간』(2021)

여울

AI가 대신 판단해 주는 건 겉으로는 편해 보여도, 결국 위험해질 가능성이 더 크다고 생각해요. **AI는 많은 정보를 빠르게 계산할 수는 있지만, 그 판단의 기준을 누가 정했는지는 잘 보이지 않아요.** 만약 잘못된 기준이나 편견이 들어간 상태로 판단을 대신한다면, 사람들은 그 결과를 의심하지 않고 그대로 따를 수도 있어요. 그러면 책임을 지는 사람은 없고, 판단만 남게 되잖아요. 저는 판단은 속도보다 책임이 더 중요하다고 생각해서 AI는 도와주는 역할까지만 해야 한다고 봐요.

수아

상황에 따라 다를 것 같아요. 솔직히 말하면 편해질 때도 분명히 있잖아요. 길 찾기나 정보 정리처럼 감정이 크게 필요 없는 판단은 AI가 더 정확할 수도 있잖아요. 그런데 사람의 인생이나 감정이 걸린 문제까지 AI가 대신 판단한다면, 그건 좀 무섭다고 느껴져요. **AI는 공정해 보일 수 있지만, 공정하다는 게 항상 옳은 건 아니라고 생각해요.** 그래서 저는 AI가 판단을 '대신'하기보다는, 내가 생각할 수 있게 '자료를 주는 존재'였으면 좋겠어요.

주호

저는 처음엔 AI가 대신 판단해 주면 진짜 편할 것 같았어요. 숙제도 알려 주고, 뭐가 맞는지도 바로 말해 주면 좋잖아요. 그런데 생각해 보니까 계속 AI 말만 믿게 되면 내가 생각을 안 하게 될 것 같아요. 그러면 나중에 AI가 없으면 아무것도 못 할 수도 있을 것 같아요. 게임도 공략만 보고 하면 처음엔 편한데, 나중엔 재미가 없어지잖아요. 저는 **AI가 힌트는 주되, 마지막 선택은 내가 하는 게 제일 좋을 것 같아요.**

4장
역사

지도 밖의 탐험가

주제 | 기록되지 않은 사람들의 탐험과 용기　**배경** | 대항해 시대부터 근대에 이르는 탐험의 역사

작품 소개　우리가 알고 있는 '위대한 탐험가'의 이야기 뒤에 가려진 사람들을 다시 불러오는 책입니다. 지도에 이름이 남지 않았지만, 위험한 길을 먼저 건넜고 선택의 순간을 견뎠던 이들의 용기와 판단을 조명합니다.

경계를 넘어 세계를 넓힌 사람들의 도전

『지도 밖의 탐험가』는 우리가 학교에서 배우는 유명한 탐험 이야기 말고, 지도에도 잘 남지 않았던 '처음 길을 선택한 사람들'의 이야기를 들려주는 책입니다. 이미 만들어진 길을 따라간 사람이 아니라, 아무도 확신하지 않았던 방향으로 한 발 먼저 나아간 사람들이 주인공입니다. 그래서 이 책은 멋진 모험담이라기보다, 세상을 바꾼 용기의 기록처럼 느껴졌습니다.

이 책에서 말하는 '지도 밖'은 단순히 낯선 땅만을 뜻하지 않습니다. 남들이 다 안 된다고 했던 생각, 실패할 수도 있는 선택, 아직 이름 붙여지지 않은 가능성도 모두 지도 밖의 세계입니다. 작가는 탐험이란 특별한 사람들만 하는 게 아니라, 기존의 틀을 의심하고 다른 선택을 해 보는 태도에서 시작된다고 말했습니다.

책에는 다양한 탐험가들의 사례가 등장하는데, 그들은 처음엔 무모해 보이거나 틀렸다는 말을 많이 들었습니다. 하지만 그들의 선택 덕분에 새로운 길이 생기고, 세상을 바라보는 시선도 넓어졌습니다. 이걸 보면서 저는 '정답처럼 보이는 길'이 항상 가장 중요한 길은 아닐 수도 있겠다는 생각이 들었습니다.

『지도 밖의 탐험가』는 우리에게 이렇게 묻는 책입니다. "이미 그려진 지도만 따라가야 할까, 아니면 직접 길을 만들어 볼 수도 있지 않을까?" 실패할 수 있다는 두려움보다, 시도조차 하지 않는 게 더 위험할 수도 있다는 메시지가 계속 마음에 남았습니다.

이 책을 읽고 나서 저는 탐험이 꼭 먼 나라 이야기만은 아니라는 걸 알게 되었습니다. 새로운 질문을 해 보는 것, 남들과 다른 생각을 해 보는 것, 그 자체가 이미 지도 밖으로 나아가는 첫걸음일지도 모르겠다고 느꼈습니다.

십대 수아 가 십대 친구 에게

정답 있는 길만 따라가야 안전하다고 말하잖아요. 근데 아무도 안 가본 길이야말로 진짜 이야기가 시작된다는 생각이 들어요. 실패해도 괜찮으니까, 한 번쯤 지도 밖으로 나아가 보고 싶은 십대라면 꼭 읽어봤으면 해요.

이사벨 미뇨스 마르틴스 지음·최금좌 옮김·베르나르두 카르발류 그림 | 위즈덤하우스 | 2021

작전명 말모이, 한글을 지킨 사람들

주제 | 한글을 지키기 위한 사람들의 용기와 연대　**배경** | 우리말 사용이 억압되던 일제강점기

작품 소개　일제강점기, 우리말과 글을 지키기 위해 목숨을 걸고 사전을 만들었던 사람들의 실화를 바탕으로 한 작품입니다. 한글이 사라질 위기에 놓였던 시대, '언어를 지킨다는 것'이 곧 삶과 정체성을 지키는 일이었음을 생생하게 전합니다.

우리말을 지키는 일, 나라를 지키는 힘

　『작전명 말모이, 한글을 지킨 사람들』은 일제강점기, 우리말을 지키기 위해 목숨을 걸었던 사람들의 이야기를 담은 책입니다. 저자는 김일옥 작가로, 실제 역사 속 인물과 사건을 바탕으로 한글을 지키는 일이 얼마나 치열한 싸움이었는지를 생생하게 보여 줍니다. 이 책은 '말'이 단순한 의사소통 수단이 아니라, 한 민족의 기억과 정신이라는 사실을 분명하게 전합니다.

　이야기의 배경은 일본이 우리말 사용을 금지하고, 조선인의 정체성을 없애려 했던 일제강점기입니다. 이 시기 조선어학회 사람들은 몰래 우리말을 모아 사전을 만들기 시작하는데, 이 비밀 작전의 이름이 바로 '말모이'입니다. 말모이는 말 그대로 '말을 모은다'는 뜻이지만, 실제로는 들키면 감옥에 가거나 목숨까지 위태로울 수 있는 아주 위험한 일이었습니다.

　책 속 인물들은 이름 없는 평범한 사람들이었지만, 우리말이 사라지면 나라의 마음도 사라진다고 믿고 기록을 멈추지 않습니다. 밤에 몰래 모여 말을 적고, 종이를 숨기고, 서로를 지키며 끝까지 사전을 만들려는 모습은 긴장감 넘치면서도 깊은 울림을 줍니다. 작가는 이 과정을 통해 '사전을 만든다'는 일이 곧 나라를 지키는 저

항이었다는 사실을 자연스럽게 보여 줍니다.

이 책이 던지는 가장 중요한 질문은 "말을 잃으면 우리는 무엇을 잃게 될까?"입니다. 말은 단어의 모음이 아니라, 사람들의 삶과 생각, 감정이 담긴 기록입니다. 그래서 말모이 운동은 단순한 학문 활동이 아니라, 민족의 기억을 지키기 위한 싸움이었습니다.

이 책을 읽으며 저는 우리가 지금 아무 생각 없이 쓰는 말과 글이 사실은 누군가의 용기 덕분에 지켜졌다는 걸 처음으로 실감했습니다.

십대 수아 가 십대 친구 에게

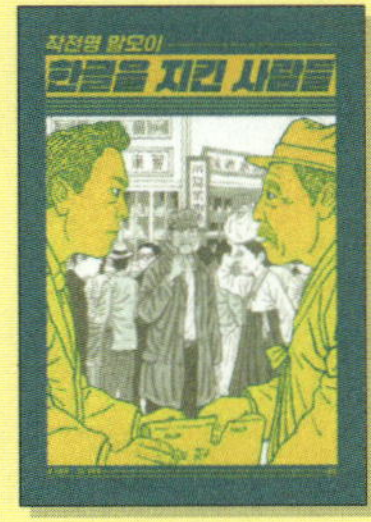

우리가 매일 쓰는 말이 사실 누군가의 목숨 걸린 선택 덕분이라는 걸 알게 되면 한글이 좀 다르게 느껴져요. 역사책 어렵다고 넘기기 전에 이 책부터 읽어봐요. 말 하나가 나라를 지켰다는 게 진짜 멋있거든요.

김일옥 지음·김옥재 그림 | 스푼북 | 2023

10대를 위한 사피엔스

주제 | 인류 진화의 역사   **배경** | 선사시대부터 현대사회까지 인류 역사를 아우름

작품 소개 인류가 어떻게 탄생하고 살아남아 지금의 사회를 만들었는지를 청소년의 눈높이에서 풀어낸 책입니다. 사냥과 협력, 언어와 믿음 같은 핵심 키워드를 통해 인간이 '생각하고 선택하는 존재'로 진화해 온 과정을 쉽고 흥미롭게 보여 줍니다.

인류의 역사 이해하기

『10대를 위한 사피엔스』는 사람들이 어떻게 지금처럼 살게 되었는지를 알려 주는 책입니다. 아주 오래전 사람들 이야기부터 거슬러 올라갑니다. 우리가 지금 쓰는 돈이나 규칙이 어디서 나왔는지까지 알려 줍니다.

왜 인간이 다른 동물보다 강해졌는지를 설명합니다. 힘이 세서가 아니라, 같이 모여서 이야기하고 약속을 만들 수 있었기 때문이라고 합니다. 말로 소문을 퍼뜨리고, 상상을 나누고, "이건 우리 규칙이야"라고 정한 게 큰 힘이 되었다는 점이 신기했습니다. 생각해 보면 돈도 그냥 종이인데 모두 가치와 규칙을 믿으니까 쓸 수 있게 된 것처럼요.

또 재미있었던 건, 농사를 짓기 시작한 게 꼭 좋은 일만은 아니었다는 부분입니다. 저는 농사를 하면 인류가 편해진 줄 알았는데, 오히려 더 많이 일하고 더 아파졌다는 이야기가 나와서 놀랐습니다. 발전이라고 해서 항상 행복해지는 건 아니라는 걸 처음 알게 됐습니다.

이 책은 계속 질문을 던집니다. "인간은 정말 똑똑한 존재일까?", "우리가 믿는 것들은 진짜일까?" 같은 질문들입니다. 답을 딱 정해 주지는 않아서 읽으면서 자꾸 제 생각을 하게 됩니다. 축구를 하다가도 갑자기 "사람들은 왜 규칙을 만들었을까?" 하는 생각이 떠올랐습니다.

이 책을 읽고 나면 인간은 대단하면서도 이상한 존재라는 것을 느낍니다. 상상으로 세상을 만들었지만, 그 상상 때문에 싸우기도 하니까요. 그래도 과거를 알면, 앞으로는 조금 더 나은 선택을 할 수 있을 것 같다는 생각이 들었습니다.

『10대를 위한 사피엔스』는 시험 공부용 역사책은 아니고, "사람이란 뭐지?"를 생각하게 만드는 책입니다. 다 읽고 나면, 내가 그냥 학생이 아니라 미래의 한 조각 중 일부라는 느낌이 들었습니다.

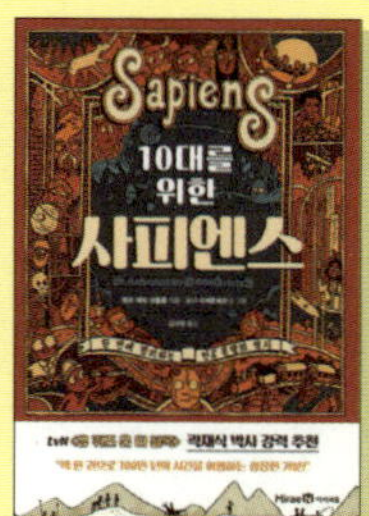

인간이 생각보다 되게 이상한 생물이라는 걸 알게 됐어요. 돈이랑 규칙이 다 상상에서 시작됐다니까 좀 웃기기도 하고요. 역사책 싫어하는 친구라도, '사람은 왜 이렇게 살게 됐을까?'를 궁금해하면 재밌을 거예요.

벵트 에릭 엥홀름 지음·요나 비에른셰르나 그림·김아영 옮김 | 미래엔아이세움 | 2021

사람을 앞으로 나아가게 만드는 것은 무엇일까?

토론 주제 역사를 만들어가는 우리   참고한 책 『10대를 위한 사피엔스』(2021)

여울

사람을 앞으로 나아가게 만드는 건 동기라고 생각해요. 의지가 없으면 아무것도 못 하기 때문이에요. 의욕이 없을 때는 무기력해하거나, 다들 가는 길로만 대충 따라가게 되잖아요. 하지만 의욕이 생기고 나면 "이건 이렇게 해야지!", "다른 방법은 없을까?" "힘들지만 해 보자!" 같은 생각을 하게 되고, 그때부터 움직이게 되는 것 같아요. **의지는 가장 중요한 힘이라고 생각해요. 지식이든 용기든 의지가 없으면 사람은 언제나 쉽게 포기하기도 하니까요.** 그 힘이 있어야 사람도, 사회도 멈추지 않고 앞으로 갈 수 있다고 봐요.

수아

'나 자신'이 기준이 될 때 사람이 앞으로 나아간다고 생각해요. 남들이 뭐라 하든, 유행이 뭐든, 결국 선택은 내가 하잖아요. **내가 원하는 게 뭔지, 싫은 게 뭔지 알고 있으면 흔들려도 다시 중심으로 돌아올 수 있어요.** 물론 겁날 때도 있지만 그럴수록 "이건 내가 선택한 길이야"라고 생각하면 버틸 힘이 생겨요. 그래서 저는 사람을 움직이게 하는 건 꿈이나 목표보다, 스스로를 믿는 마음이라고 생각해요.

주호

저는 호기심과 용기가 제일 중요하다고 생각해요. 새로운 기술 배울 때도 무서운데 궁금해서 해보게 되거든요. **"못 하면 어쩌지?" 생각보다 "되면 재밌겠다"가 더 크면 몸이 먼저 나가요. 가끔은 실패해도 상관없고요.** 아무것도 안 하면 진짜 아무 일도 안 생기니까요. 그래서 사람을 앞으로 가게 하는 건, 완벽한 계획보다 "일단 해보자"는 마음인 것 같아요.

과거의 선택이 미래를 바꾼다면?

 역사가 남긴 선택과 책임　　　 역사 필독서 3종

여울

『지도 밖의 탐험가』가 생각나요. 만약 사람들이 지도에 있는 길만 따라갔다면, 지금 우리가 아는 세계는 훨씬 좁았을 것 같아요. 바다를 건너지 않고, 위험하다고 돌아섰다면 새로운 대륙도, 새로운 생각도 없었을 거예요. **지도 밖으로 나간 사람들은 꼭 성공했기 때문이 아니라, 시도했기 때문에 역사를 바꿨다고 생각해요.** 실패했을 수도 있는데도 선택했다는 게 중요해요. 그래서 저는 다른 선택을 하지 않았다면, 지금의 역사는 덜 다양하고 덜 넓었을 거라고 봐요.

수아

『작전명 말모이』를 읽으면서 이런 생각이 들었어요. 만약 그때 사람들이 일본의 말살 정책을 그냥 따랐다면, 우리는 지금 한글을 쓰고 있을까? 아마 학교에서 일본어로 수업을 듣고, 우리 이름도 지금과 달랐을 것 같아요. 그래도 누군가는 "이건 아니다"라고 말했고, 그 덕분에 지금의 우리가 있는 것 같아요. 그래서 **저는 과거의 선택 하나가 지금의 일상까지 바꿀 수 있다고 생각해요.** 역사는 멀리 있는 게 아니라, 누군가의 용기 있는 선택에서 시작된다는 걸 느꼈어요.

주호

만약 농업혁명 없이 사람들이 계속 사냥만 했다면, 지금처럼 학교도, 스마트폰도 없지 않았을까요. 어쩌면 자유롭게 살았을 수도 있지만, 이렇게 많은 사람이 같이 살지는 못했을 것 같아요. 농업혁명이 꼭 좋은 선택만은 아니라고 하지만 그 선택이 있었기 때문에 지금의 세상이 만들어진 거잖아요. 그래서 **저는 다른 선택을 했으면 지금은 완전 다른 세상일 것 같다고 생각했어요.**

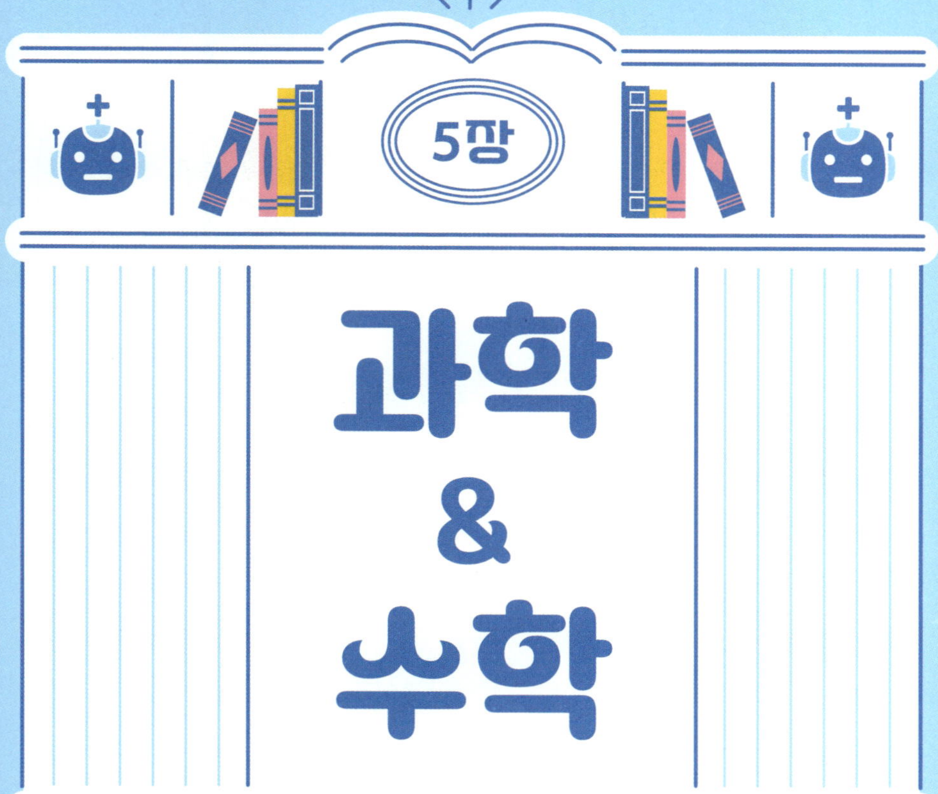

5장
과학
&
수학

동물원에 동물이 없다면

주제 | 인간과 자연의 공존 방식　**배경** | 환경 파괴와 생물 다양성 감소가 진행되는 현대 사회

작품 소개　동물원이 사라진 세상을 상상하며, 인간과 동물이 맺어 온 관계를 다시 묻습니다. 동물원을 당연하게 여겨 온 시선에서 벗어나, 야생동물의 삶과 생태계 균형, 그리고 인간의 책임을 차분하게 짚으며 '공존이란 무엇인가'를 생각하게 만드는 책입니다.

인간과 자연이 함께 살아가는 법

『동물원에 동물이 없다면』은 우리가 아무 생각 없이 좋아해 왔던 '동물원'이라는 공간에 질문을 던지는 책입니다. 저자는 노정래 작가로, 환경과 생태 문제를 어린이·청소년의 눈높이에서 꾸준히 다뤄 온 분입니다. 이 책은 동물원을 무조건 나쁘다고 말하기보다, "정말 이게 동물을 위한 방식일까?"라고 조용히 물었습니다.

보통 동물원은 재미있고, 자연을 공부하는 곳이라고 생각했습니다. 나도 그랬습니다. 하지만 이 책을 읽으면서 동물원이 동물에게는 어떤 공간일지 처음으로 생각하게 됐습니다. 넓은 자연 대신 좁은 우리, 정해진 시간의 먹이, 구경당하는 일상이 과연 괜찮은 걸까 하는 의문이 들었습니다. 작가는 우리가 보지 않으려 했던 동물원의 뒷모습을 하나씩 보여 주었습니다.

이 책에는 한 명의 주인공 대신, 여러 동물들의 삶이 등장합니다. 사자, 코끼리, 북극곰처럼 원래는 넓은 땅과 바다를 자유롭게 다니던 동물들이 인간이 만든 공간 안에서 어떻게 살아가는지가 설명됩니다. 읽다 보니 '귀엽다'고만 생각했던 장면들이 갑자기 다르게 보였습니다.

책에서 가장 인상 깊었던 부분은 '보호'에 대한 이야기였습니다. 동물원은 멸종 위기 동물을 보호하기 위해 필요하다는 주장도 있습니다. 하지만 작가는 정말 동물을 위한다면, 가두는 보호가 아니라 살 수 있는 환경을 지켜 주는 보호가 더 중요하다고 말합니다. 보호 구역을 만들고, 서식지를 지키는 방식이 동물에게는 더 자연스러울 수 있다는 것입니다.

이 책에는 정답이 딱 정해지지 않습니다. 대신 계속 질문합니다. "동물은 누구의 것일까?", "우리가 즐거운 선택이 누군가에게는 불편한 선택일 수도 있지 않을까?" 같은 질문들입니다. 그래서 스스로 어떤 입장에서 세상을 보고 있었는지도 돌아보게 됐습니다.

저는 앞으로 동물원을 보게 되면 예전처럼 마냥 즐겁지만은 않을 것 같습니다. 대신 한 번쯤은 동물의 입장에서 생각해 볼 것 같습니다. 이 책은 동물을 사랑하는 마음이 '보고 싶다'에서 끝나지 않고, '어떻게 함께 살아야 할까'로 이어져야 한다는 걸 알려 주었습니다. 그래서 이 책은 지금 우리에게 꼭 필요한 이야기라고 생각합니다.

십대 수 아 가 십대 친 구 에게

동물원은 그냥 재밌는 곳이라고만 생각했다면, 이 책은 그 생각을 흔들어 줄 거예요. 동물을 좋아한다는 의미가 무엇인지 진지하게 고민하게 될테니까요. 다 읽고 나면 세상을 보는 시선이 한 뼘쯤 넓어질지도 몰라요.

노정래 지음 | 다른 | 2019

신문이 보이고 뉴스가 들리는 재미있는 인공지능 이야기

주제 | 인공지능과 미디어의 관계   **배경** | AI 기술이 일상에 깊이 스며든 현대 사회

작품 소개 우리가 매일 접하는 뉴스와 미디어 속 인공지능이 어떻게 작동하는지를 쉽게 풀어 설명합니다. 인공지능이 기사를 추천하고, 목소리와 이미지를 만들어 내는 과정을 실제 사례와 함께 소개하며, 기술을 이해하고 판단하는 힘을 기를 수 있도록 합니다.

인공지능의 발전과 인간의 미래

이 책은 인공지능을 어렵지 않게 설명해 주는 비문학입니다. 송준섭 작가님은 EBS에서 PD로 일하며, 과학과 기술 이야기를 사람들이 이해하기 쉽게 전하는 일을 해 온 분입니다. 그래서 이 책도 전문가만을 위한 설명이 아니라, 뉴스를 가까이서 접하는 일반 사람들의 눈높이에 맞춰 쓰여 있습니다.

인공지능이 언제부터 만들어졌는지부터, 뉴스와 신문 속에서 인공지능이 어떤 역할을 하는지까지 차근차근 알려 주었습니다. 뉴스 추천, 검색 결과, 음성 인식 같은 것들이 모두 인공지능과 연결되어 있다는 사실을 신문 기사와 실제 사례로 설명해 주어, 인공지능이 이미 우리 생활 한가운데 있다는 걸 느끼게 했습니다.

책에서 가장 중요한 질문은 "인공지능이 발전하면 우리의 미래는 어떻게 달라질까?"였습니다. 인공지능이 더 똑똑해질수록 인간은 어떤 일을 맡고, 어떤 선택을 해야 할지 생각해 보게 만들었습니다. 저자는 인공지능이 스스로 선하거나 나쁜 존재가 되는 게 아니라, 그것을 어떻게 쓰느냐가 더 중요하다고 말했습니다. 이 말은 매우 인상 깊은 부분이었습니다.

알파고와 이세돌의 바둑 대결 같은 실제 사례를 통해 인공지능은 단순히 계산만 하는 기계가 아니라, 많은 데이터를 바탕으로 배우고 판단하는 기술이라는 걸 알 수 있었습니다. 하지만 동시에 인공지능이 배우는 기준이 결국 사람이 만든 것이라는 점도 함께 짚어 주었습니다. 그래서 인공지능이 내리는 판단을 항상 공정하다고 믿어도 되는지는 다시 생각하게 되었습니다.

이 책의 좋은 점은 인공지능을 무조건 두려운 존재로 그리지 않았다는 점입니다. 인공지능은 위험한 일을 대신하거나, 반복적인 작업을 도와 인간이 더 중요한 일을 할 수 있게 만들어 줄 수도 있었습니다. 하지만 저자는 윤리와 책임을 가르치기 어려운 기술이라는 한계도 분명히 말했습니다. 그래서 인공지능과 함께 살아가기 위해서는 인간이 더 많이 생각하고 판단해야 한다고 강조합니다.

이 책을 읽으며 저는 인공지능이 똑똑해질수록 사람이 더 멍청해지면 안 되겠다는 생각이 들었습니다. 뉴스나 정보를 볼 때도 "이게 왜 이렇게 나왔을까?", "누가 이걸 만들었을까?" 하고 한 번 더 생각하는 게 중요하다는 걸 알게 되었습니다.

십대 여울이 가 십대 친구 에게

이 책은 뉴스랑 신문 속 이야기를 통해 가까이 다가와 있는 AI를 보여줘요. 읽다 보면 인공지능보다 더 중요한 건 그걸 믿고 쓰는 우리의 생각이라는 걸 알게 돼요.

송준섭 지음·우지현 그림 | 가나출판사 | 2018

수학으로 세상을 널리 이롭게 하라

주제 | 수학적 사고로 문제를 해결하는 방법   **배경** | 수학이 문제 해결의 필수 역량이 된 AI 시대

작품 소개 수학이 단순한 숫자 놀이가 아니라 현실 문제를 해결하고 세상을 더 좋게 만드는 도구임을 보여 주는 책입니다. 수학의 역사와 기본 개념을 다루는 것뿐 아니라, 수학적 방법이 환경, 경제, 건강 같은 실제 문제를 풀 때 어떻게 쓰이는지 보여줍니다.

수학으로 세상을 이해하는 방식

제목부터 조금 색다른 수학책입니다. 문제집처럼 공식만 외우게 하는 책이 아니라, 수학이 어떻게 만들어졌고 어떤 생각에서 출발했는지를 보여 주는 이야기책에 가깝습니다. 저자인 안나미 선생님은 수학과 과학, 역사 이야기를 함께 풀어내는 작가이자, 현재 성균관대학교에서 학생들을 가르치는 교수님입니다.

이 책의 가장 큰 특징은 수학을 서양 중심으로만 보지 않는다는 점이었습니다. 우리는 보통 피타고라스의 정리처럼 서양 수학자들의 이야기만 익숙하게 배우지만 동양, 특히 중국과 조선에서도 오래전부터 수준 높은 수학이 발전해 왔다는 사실을 강조합니다. 수학이 특정 나라의 전유물이 아니라, 인간이 살아가며 꼭 필요한 지식이라는 느낌이 들었습니다.

책에서 인상 깊었던 개념 중 하나는 '구고법'이었습니다. 구고법은 직각삼각형의 세 변의 관계를 설명하는 공식으로, 우리가 아는 피타고라스의 정리와 거의 같은 원리입니다. 놀라운 점은 이 공식이 기원전 중국의 수학서인 『구장산술』에 이미 등장한다는 것이었습니다. 그 시대 사람들은 계산기나 컴퓨터도 없이, 자와 끈, 관찰과 논리만으로 이런 공식을 만들어 냈습니다. 이 부분을 읽으면서 "옛날 사람들 진짜 똑똑했다"라는 생각이 들었습니다.

구고법은 단순한 이론으로만 존재한 것이 아니라 실제 생활에 많이 쓰였습니다. 조선 시대에는 다리를 놓거나 건물을 세울 때, 산의 높이나 땅의 넓이를 잴 때 이런 수학적 계산이 꼭 필요했습니다. 수학이 책 속에만 있는 학문이 아니라, 사람들의 삶을 직접적으로 도와주는 도구였다는 점이 흥미로웠습니다. 그때의 수학자들은 어려운 문제를 풀기 위해서가 아니라, 백성들의 삶을 더 편리하게 만들기 위해 수학을 사용했다는 점도 인상 깊었습니다.

마지막에 작가는 수학을 무조건 어렵게 생각하지 말고, 그 안에 담긴 논리와 아름다움을 발견해 보라고 말했습니다. 저 역시 이 책을 읽기 전까지는 수학을 '틀리면 끝나는 과목'처럼 느꼈지만, 지금은 공식 하나에도 사람들의 고민과 시간이 쌓여 있다는 생각이 들었습니다. 그래서 문제를 풀 때도 예전보다 "왜 이렇게 될까?" 하고 한 번 더 생각해 보게 됐습니다.

조선 시대에도 수학으로 세상을 바꾸려던 사람들이 있었다는 걸 알게 되면, 수학이 굉장히 인간적으로 느껴질 거예요. 계산보다 생각하는 게 더 중요하다는 걸 알고 싶은 친구들에게 꼭 추천하고 싶어요.

안나미 지음 | 자음과모음 | 2025

인간의 편리함이 동물의 자유나 존엄을 빼앗는다면, 그 기술 발전은 옳은 걸까?

토론 주제 동물권, 생물다양성, 윤리　　**참고한 책** 『동물원에 동물이 없다면』(2019)

여울

옳지 않다고 생각해요. 기술은 원래 사람만 편해지라고 있는 게 아니라, 세상 전체를 더 나아지게 하려고 발전하는 거라고 배웠어요. 그런데 **동물원이든 실험이든, 동물이 선택할 수 없는 상황에서 인간이 일방적으로 편해지는 건 공정하지 않다고 느껴요.** 동물도 아프고 무서울 수 있는데, 말을 못 한다는 이유로 괜찮다고 생각하는 건 너무 인간 중심적인 태도 같아요. 기술이 발전할수록 더 약한 존재를 먼저 생각해야 진짜 발전이라고 생각해요.

수아

상황에 따라 다르다고 생각해요. 기술 자체가 나쁘다기보다는, 어떤 기준으로 쓰느냐가 더 중요하다고 봐요. 예를 들어 멸종 위기 동물을 보호하기 위한 기술이라면 어느 정도 제한된 공간도 필요할 수 있다고 생각해요. 하지만 사람들이 재미로 보려고, 혹은 돈을 벌기 위해 동물을 가둔다면 그건 발전이라고 부르기 어렵다고 느껴요. **기술은 편리함만으로 평가할 게 아니라, '그 선택이 누구를 희생시키는지'까지 같이 봐야 한다고 생각해요.**

주호

처음엔 솔직히 동물원이 없으면 동물을 못 보니까 좀 아쉬울 것 같았어요. 하지만, 생각해 보니 동물한테는 평생 갇혀 사는 일이라니 많이 미안해졌어요. 만약 누가 저를 계속 좁은 데 가둬 놓고 "사람들이 보기 편하니까 참아"라고 하면 정말이지 싫을 것 같아요. 그래서 **인간이 편하자고 동물이 불편해지는 기술은 옳지 않다고 봐요. 발전이면 다 좋은 줄 알았는데 아닌 것도 있는 것 같아요.**

숫자로 의사결정을 했을 때의 장점과
그로 인해 발생할 문제점은 무엇이 있을까?

토론 주제 데이터, 과학 기술   **참고한 책** 『수학으로 세상을 널리 이롭게 하라』(2025)

여울

숫자로만 결정하는 건 위험하다고 생각해요. 예를 들어 AI가 생활기록부 점수랑 시험 점수만 보고 "이 학생은 도움 받을 필요 없음"이라고 판단하면, 조용히 힘들어하는 아이를 놓치게 될 테니까요. **숫자는 과거를 잘 정리해 주지만, 지금의 마음이나 앞으로 바뀔 가능성까지는 못 봐요.** 그래서 저는 숫자는 참고 자료로는 좋지만, 마지막 결정은 사람이 해야 한다고 생각해요. 그래야 실수도 고치고, 책임도 질 수 있으니까요.

수아

숫자와 데이터가 있어서 더 공정해지는 부분도 분명 있다고 생각해요. 예를 들어 반장 선거에서 인기투표처럼 느껴질 때보다, 과제 수행이나 책임감 같은 기준을 점수로 정리하면 덜 감정적으로 결정할 수 있잖아요. **하지만 숫자가 기준이 되면, 사람을 '평균'으로만 보게 되는 위험도 있는 것 같아요.** 만약 성적이 좋았던 아이가 집안 사정으로 성적이 떨어져 혼이 났어요. 그 전후 사정은 숫자로 알 수 없어요. 개인의 사정이니까요. 설명이 필요한 순간에 오히려 차가워질 수 있다고 느껴요.

주호

숫자로 정하는 게 편할 때도 많다고 생각해요. 예를 들어 축구부 선발할 때 기록이 있으면 안 싸워도 되잖아요. 누가 더 빨리 뛰었는지, 골을 몇 개 넣었는지 숫자로 보면 공정해 보여요. 근데 만약 제가 시험 점수는 낮은데, 경기 때마다 팀 분위기를 살리고 끝까지 포기 안 하는 역할을 하는데도 점수만 보고 탈락시키면 억울할 것 같아요. **숫자는 거짓말 안 하지만, 사람의 마음까지 다 보여 주지는 못하는 것 같아요.**

6짱
사회

어쩌다 기후 악당

주제 | 기후 위기와 개인의 책임　**배경** | 기후 위기가 일상화된 21세기 현대 사회

작품 소개　기후 위기의 원인, 우리의 일상과 선택이 자연에 어떤 영향을 미치는지를 쉽고 생생한 사례로 보여 주며, 기후 문제를 '남의 일'이 아니라 내 행동과 연결된 문제로 이해하도록 돕습니다.

기후 위기와 지구를 지키는 방법

『어쩌다 기후 악당』은 우리가 매일 살아가는 지금의 생활이 어떻게 기후 위기와 연결되어 있는지를 알려 주는 비문학입니다. 이 책의 저자는 기후 위기와 에너지 문제를 오래 연구해 온 환경 연구자입니다.

이 책은 기후 위기를 먼 미래의 일이 아니라, 이미 지금 일어나고 있는 문제로 다뤘습니다. 작가는 지구온난화 때문에 산불, 폭염, 가뭄 같은 이상기후가 점점 더 자주 일어나고 있고, 그 피해가 전 세계 곳곳에서 나타나고 있다는 점을 강조했습니다. 그래서 기후 위기는 "나중에 커서 해결할 문제"가 아니라, 지금 당장 모두가 생각해야 할 문제라고 말했습니다.

책에서 특히 인상 깊었던 부분은 기후 위기를 더 심하게 만드는 원인이 꼭 나쁜 사람들만은 아니라는 점이었습니다. 작가는 기업이나 정부뿐만 아니라, 편리함을 이유로 아무 생각 없이 소비하고 행동하는 우리도 '어쩌다 기후 악당'이 될 수 있다고 말했습니다. 전기를 많이 쓰거나, 쓰레기를 아무 생각 없이 버리거나, 필요 없는 물건을 계속 사는 행동들이 모여 기후 위기를 키운다는 것이었습니다.

작가는 실제 사례들을 많이 들려주었습니다. 폭염 때문에 학교가 쉬게 된 나라,

더위와 산불로 관광이 중단된 도시, 연기로 하늘이 가려져 야외 활동이 금지된 지역, 그리고 기후 변화로 사라질 위기에 놓인 동식물 이야기까지 나왔습니다. 이런 사례들을 읽으며 기후 위기가 뉴스 속 이야기가 아니라, 이미 우리 생활 가까이까지 와 있다는 걸 느낄 수 있었습니다.

또 한 가지 중요한 내용은 지금 지구에서 '여섯 번째 대멸종'이 진행 중이라는 점이었습니다. 많은 생물들이 인간의 활동과 기후 변화 때문에 빠른 속도로 사라지고 있는데, 이 피해는 돈으로도 계산할 수 없다고 말했습니다. 그런데도 여전히 "나 하나쯤이야"라고 생각하며 행동하지 않는 사람들이 많아서, 문제 해결이 더 어려워지고 있다는 점을 작가는 분명하게 지적했습니다.

저는 기후 위기가 막연히 무서운 문제가 아니라, 내가 선택할 수 있는 문제라는 생각이 들었습니다. 작은 행동이라도 하지 않는 것보다 낫고, 내가 바뀌면 세상도 조금은 달라질 수 있다는 걸 알게 되었습니다. 이 책은 "지금부터라도 생각하고 행동하는 사람이 되자"라고 분명하게 말해 주는 책이었습니다.

십대 여울이 가 십대 친구 에게

이 책은 기업의 기후 위기 책임과 행동만을 이야기 하는 게 아니라, 우리 같은 아이들의 선택도 기후를 바꿀 수 있다고 말해줘요. 기후 악당이 되지 않으려면, 꼭 한 번은 읽어봐야 한다고 생각해요.

권승문 지음 | 생각학교 | 2025

인권을 들어 올린 스포츠 선수들

주제 | 스포츠를 통해 드러난 인권 문제와 사회 변화　**배경** | 20세기 중반 이후부터의 현대 사회

작품 소개　운동장을 뛰는 선수들이 차별, 평등, 정의같은 중요한 문제를 어떻게 드러냈는지를 실제 사례를 통해 보여 줍니다. 국내외 다양한 선수들이 경기장에서 뿐만 아니라 사회적·정치적 목소리를 내며 인권을 향한 움직임을 만들어 온 과정을 소개합니다.

경기장 밖에서 더 크게 빛난 인권의 용기

스포츠가 단순히 경기에서 이기고 지는 이야기만은 아니라는 것을 알려 주는 책입니다. 이 책의 작가는 운동선수들이 경기장 밖에서 어떤 선택을 했고, 그 선택이 사회에 어떤 영향을 주었는지를 책에 담았습니다.

인종차별을 받았을 때 가만히 있지 않은 선수, 여자라는 이유로 무시당하는 현실에 맞선 선수, 사회적으로 약한 사람들을 위해 목소리를 낸 선수들이 등장합니다.

작가가 이 책을 쓴 이유는 이런 선수들의 용기가 사회를 바꾸었음을 아이들에게 알려주기 위함이라 생각합니다. 선수들은 자칫 경기에서 불이익을 당할 수도 있었지만, 그럼에도 침묵하지 않았습니다. 저는 그 점이 멋있다고 생각했습니다. 조용히 넘어가는 것이 더 쉬웠을 텐데, 일부러 어려운 길을 선택했기 때문입니다.

이 책을 읽으며 "과연 나라면 저 상황에서 말할 수 있었을까?"였습니다. 인권은 누가 대신 지켜 주는 것이 아니라, 결국 스스로 지켜야 하는 것이라는 생각했습니다.

이 책이 전하는 중요한 생각은 작은 행동 하나도 세상을 조금은 바꿀 수 있다는 것입니다. 꼭 유명한 선수가 아니어도, 자기 자리에서 옳다고 생각하는 것을 말하는 일이 중요하다는 뜻으로 느껴졌습니다. 인권은 뉴스 속 어려운 말이 아니라, 우리 일상에서도 반드시 지키고 선택해야 하는 문제라는 점도 깨닫게 되었습니다.

이 책으로 하여금 스포츠를 바라보는 눈이 달라졌습니다. 축구에서 단순히 골을 넣는 장면뿐 아니라, 선수가 어떤 말을 하고 어떤 행동을 하는지도 더 눈여겨보게 되었습니다.

운동선수는 운동만 잘하면 된다고 생각했는데, 이 책 읽고 생각이 바뀌었어요. 용기있게 차별과 부당함을 이야기한 선수들이 멋졌어요. 이 책은 스포츠를 좋아하는 친구가 아니더라도 꼭 한 번 읽어보면 좋겠어요!

최동호 지음 | 다른 | 2024

세상을 떠들썩하게 만든 세기의 재판 이야기

난이도 ★★★★★

주제 | 법과 정의, 인권과 책임   **배경** | 고대부터 현대까지 시대를 뒤흔든 실제 재판들을 배경으로 함

작품 소개   역사적으로 큰 반향을 일으킨 여러 재판들을 모은 논픽션입니다. 당시 재판에 참여한 사람들의 생각과 사회적 논쟁을 함께 담아 법이 단지 판결문으로 끝나는 것이 아니라 사회적 가치와 정의를 둘러싼 논쟁의 장임을 생생하게 보여 줍니다.

법과 사회 이해하기

『세상을 떠들썩하게 만든 세기의 재판 이야기』는 실제로 있었던 재판들을 모아 놓은 책입니다. 이 책에는 역사 속에서 사람들을 놀라게 했던 재판들이 나오는데, 단순히 누가 이겼는지 지는지가 아니라 "이게 정말 옳은 판결이었을까?"라는 질문을 계속 던지게 했습니다.

책에 나오는 재판들은 범죄 이야기만 있는 것이 아닙니다. 어떤 재판은 한 사람의 말 한마디나 생각 하나 때문에 벌어졌고, 어떤 재판은 그 시대의 차별이나 권력이 너무 강해서 생긴 일이었습니다. 그래서 재판 이야기를 읽다 보면 "이건 그 사람 잘못만은 아닌 것 같은데?"라는 생각이 들 때도 많았습니다. 법은 항상 정의 편일 거라고 생각했는데, 꼭 그렇지만은 않다는 걸 알게 되었습니다.

특히 인상 깊었던 점은 재판이 한 사람의 인생만 바꾸는 것이 아니라, 그 나라의 생각이나 규칙까지 바꿔 놓을 수 있다는 사실이었습니다. 어떤 판결 하나 때문에 사람들이 거리로 나와 항의하기도 하고, 법이 새로 만들어지기도 했습니다. 그래서 재판은 조용한 법정 안에서만 끝나는 일이 아니라, 사회 전체를 흔드는 사건이라는 느낌이 들었습니다.

이 책을 읽으면서 저는 "법은 사람을 지키기 위해 있는 것인데, 사람이 잘못 쓰면 무기가 될 수도 있구나"라는 생각을 했습니다. 그리고 재판에서 가장 중요한 것은 똑똑한 말솜씨가 아니라, 사실을 제대로 보고 약한 사람 편에 설 용기라는 것도 알게 되었습니다.

실제 법을 잘 몰라도 재미있게 읽을 수 있는 책입니다. 재판을 통해 역사와 사회를 함께 볼 수 있어서, 그냥 뉴스를 볼 때보다 훨씬 이해가 잘 되었습니다. 이 책을 읽고 나니 앞으로 뉴스를 볼 때도 "이 판결은 정말 공정한 걸까?" 하고 한 번 더 생각해 보게 될 것 같습니다.

십대 주호 가 십대 친구 에게

읽다 보니 추리 게임처럼 계속 생각하게 됐어요. "이게 진짜 공정한 걸까?" 하고 스스로 판단해 보는 재미가 있었어요. 생각하는 힘을 키우고 싶은 친구들한테 꼭 추천하고 싶어요.

장보람 지음 | 팜파스 | 2023

기후 위기에 대한 법이 느리게 움직이면 어떤 문제가 발생하게 될까?

토론 주제 기후 위기, 환경　　　　**참고한 책** 『어쩌다 기후 악당』(2025)

기후 위기에 대한 법이 느리게 움직일수록, 문제를 만든 사람들이 아무렇지 않게 행동하게 된다고 생각해요. 특히 패스트 패션이 그렇다고 느꼈어요. 옷을 빨리 만들고, 싸게 팔고, 금방 버리게 만드는 방식은 환경에 엄청난 부담을 주는데, 아직도 규제가 약한 나라가 많아요. 그 사이에 물은 더 오염되고, 옷을 만들기 위해 쓰인 에너지 때문에 탄소 배출도 늘어나요. 법이 빨리 바뀌지 않으면 기업들은 계속 "괜찮다"고 말하면서 똑같은 방식을 반복할 거예요. **기후 위기에서 가장 문제가 되는 건, 아무 일도 안 하는 시간이 계속 쌓이는 거라고 생각해요.**

기후 위기에 대한 법 개정이 느릴수록 우리가 매일 쓰는 물건들이 환경을 얼마나 힘들게 하는지 모른 채 살아가게 될지도 모른다니 끔찍해요. 플라스틱은 분리수거를 한다고는 하지만 실제로 재활용되지 않는 플라스틱도 많고 바다로 흘러 들어가는 쓰레기도 계속 늘고 있어요. 그런데 플라스틱 사용을 줄이게 하는 법이나 기업 규제는 생각보다 느리게 바뀌는 것 같아요. **법이 늦어질수록 문제는 멀리 있는 게 아니라 우리 몸 가까이까지 온다는 걸 이번에 알게 됐어요.**

선생님이 데이터센터 이야기를 해주셨는데 게임, 유튜브, 챗GPT 뒤에는 엄청 큰 컴퓨터들이 계속 돌아가고 있대요. 그걸 식히려고 전기랑 물을 엄청 많이 쓰는데, 이런 시설이 계속 생겨도 환경 규제는 충분하지 않은 경우가 많다고 들었어요. **겉으로 보면 그냥 편리한 기술 같지만, 사실은 땅이 뜨거워지고 전기가 더 많이 만들어져야 해서 탄소도 늘어난대요.** 법이 빨리 안 움직이면, 사람들은 편하니까 계속 쓰고, 문제는 나중에 한꺼번에 터질 것 같아요. 그때가 되면 영영 되돌릴 수 없게 될지도 몰라요.

"정의 vs 손해" 손해가 예상되면 정의를 포기해도 될까?

토론 주제 판단과 책임　**참고한 책**　『세상을 떠들썩하게 만든 세기의 재판 이야기』(2023)

여울

손해가 무섭다고 해서 정의를 포기하면 그 손해가 결국 더 커진다고 생각해요. 친구들 사이에서 한 명이 계속 놀림을 당하는데, 그걸 보고도 말하지 않으면 끼어들어서 미움받지 않을 수 있어요. 하지만 시간이 지나면 결국 그 친구는 더 크게 상처를 받아요. **사회도 비슷하다고 생각해요. 환경이나 인권 문제를 알면서도 "경제에 손해니까 나중에 하자"고 미루면, 그 손해는 결국 더 큰 피해로 돌아와요.** 정의는 불편할 수 있지만, 불편을 감수하지 않으면 문제는 사라지지 않는다고 생각해요.

수아

솔직히 말하면, 예전엔 손해가 크면 정의를 포기할 수도 있다고 생각했어요. 그런데 사회 이야기를 책으로 읽으면서 생각이 바뀌었어요. 유명한 사람이 잘못을 했는데, "말하면 손해 본다"는 이유로 아무도 말하지 않으면 그 사람은 계속 같은 행동을 하잖아요. 학교에서도 마찬가지라고 느꼈어요. **잠깐의 어색함이나 오해는 손해처럼 보이지만, 그걸 피하려고 침묵하면 나중에 더 큰 불공정함이 남는 것 같아요.**

주호

처음엔 "손해 보면 바보 아닌가?"라는 생각도 들었어요. 만약 친구가 규칙 어기는데 그걸 말하면 같이 놀기 불편해질 것 같잖아요. 근데 책을 읽고 생각해 보니까, **그때 말 안 하면 나중에 규칙을 어기는 게 당연해져요. 그러면 결국 다 손해예요.** 스포츠 선수들이 욕먹을 거 알면서도 차별에 대해 말한 이야기를 읽었는데 그 사람들은 경기 출전도 못 하고 욕도 엄청 먹었대요. 그래도 그 덕분에 규칙이 바뀌고 다음 선수들은 조금 더 공정한 환경에서 뛰게 됐잖아요. 정의를 지키는 건 손해처럼 보여도, 사실은 다음 사람을 위한 용기 같다고 느꼈어요.

7장
예술

꽃 아주머니와 비밀의 방

주제 | 예술을 이해하고 그림 읽는 시각을 확장하는 법　**배경** | 현대 사회의 미술 감상 문화

작품 소개　미술관이 어렵고 낯설게 느껴졌던 어린이와 어른을 위한 동화 형식의 미술 교양서입니다. 꽃 아주머니와 송이의 대화를 따라가며 마티스, 피카소, 샤갈, 렘브란트 같은 화가들이 세상을 어떻게 보고 그림으로 표현했는지를 자연스럽게 이해할 수 있습니다.

그림 보는 법을 통해 배우는 세상 이야기

그림을 "잘 알아야만 볼 수 있는 것"이라고 생각하던 어린이에게, 그림을 훨씬 자유롭게 보는 방법을 알려 주는 동화이자 미술 교양서입니다. 이 이야기의 중심에는 송이와 꽃 아주머니가 있습니다. 송이는 그림 앞에서 느낀 감정을 솔직하게 말하고 싶어 하지만, 그게 맞는 말인지 늘 고민하는 아이입니다. 꽃 아주머니는 그런 송이에게 그림에는 정답이 없고, 느낀 그대로 말해도 괜찮다고 알려 주는 어른입니다.

이야기는 꽃 아주머니가 이사를 오면서 시작됩니다. 송이가 짐 나르는 일을 도와주고, 그 인연으로 꽃 아주머니의 집에 초대받게 됩니다. 꽃 아주머니의 집에는 보통 집과는 다른 '비밀의 방'들이 있고, 그 방마다 서로 다른 그림과 감상 방식이 담겨 있습니다. 그림을 조용히 바라보는 방도 있고, 상상하며 이야기를 만들어 보는 방도 있습니다. 이 장면을 읽으며 그림을 보는 방법이 이렇게 많을 수 있다는 점이 신기하게 느껴졌습니다.

이 책의 가장 중요한 점은 그림을 설명할 때 "이 그림은 ○○이다"라고 정해 주지 않는다는 것입니다. 꽃 아주머니는 계속 송이에게 질문합니다. "너는 어떻게 보여?", "이 색을 보면 어떤 기분이 들어?" 같은 질문들입니다. 송이는 처음에는 조심스럽지만, 점점 자기 생각을 말하는 데 자신감을 갖게 됩니다. 그 과정을 보며 저 역시 그림을 볼 때 괜히 어려운 말을 떠올리려고 애쓸 필요가 없다는 생각이 들었습니다.

또 인상 깊었던 점은 이 책이 미술관이 아니라, 집과 골목 같은 일상적인 공간에서 그림 이야기를 시작한다는 점입니다. 덕분에 그림은 특별한 장소에서만 보는 것이 아니라, 언제 어디서든 생각하고 느낄 수 있는 것처럼 느껴졌습니다. 실제로 책에는 마티스, 피카소, 샤갈, 렘브란트 같은 화가들의 작품이 나오지만, 설명이 어렵지 않았습니다.

『꽃 아주머니와 비밀의 방』은 그림을 잘 그리는 방법을 알려 주는 책은 아닙니다. 대신 그림을 좋아해도 되고, 헷갈려도 되고, 마음대로 느껴도 된다고 말해 주는 책입니다. 이 책을 읽고 나서 저는 그림을 볼 때 "이게 무슨 뜻이지?"보다 "나는 왜 이게 좋지?"를 먼저 생각해 보고 싶어졌습니다. 그림을 사랑하는 사람에게도, 그림이 아직 낯선 사람에게도, 이 책은 미술을 더 가깝게 만들어 주는 이야기라고 생각했습니다.

십대 여울이 가 십대 친구 에게

이 책은 그림을 맞히는 게 아니라 느끼는 거라고 말해 줘요. 그림 좋아하는 친구도, 미술관이 좀 부담스러운 친구도 책을 읽고 나면 그림이 훨씬 가까워질 거예요.

김지선 지음·이해정 그림 | 시금치 | 2021

사람이 사는 미술관

주제 | 미술을 통해 시대와 사회를 이해하는 방법   **배경** | 현대 사회의 미술관과 전시 문화

작품 소개   미술관을 조용히 감상만 하는 공간이 아니라, 화가들의 고민과 선택, 그리고 당대 사회의 분위기가 겹겹이 쌓인 장소로 봅니다. 작품에 담긴 역사적 배경과 인간적인 이야기를 따라가며, 미술이 어떻게 시대를 기록해 왔는지를 보여 줍니다.

그림을 보면 화가의 세상이 읽힌다

이 책은 미술관을 조용히 걸어 다니기만 하는 곳이 아니라, 그림 속에 살았던 사람들의 이야기가 모여 있는 장소처럼 보여 줍니다. 그래서 그림을 잘 몰라도, 사람 이야기 좋아하면 재미있게 읽을 수 있었습니다.

박민경 작가는 그림을 그리고, 글도 오래 써 온 분입니다. 그래서인지 그림을 설명할 때 딱딱한 말 대신 "이 그림을 그릴 때 이 사람은 어떤 기분이었을까?" 같은 질문을 많이 던집니다. 저는 이 부분이 좋았습니다. 미술학원에서 그림 그릴 때도 기분이 중요하다고 항상 느끼기 때문입니다.

이 책에는 유명한 그림들이 많이 나오지만, 그림보다 더 기억에 남는 건 그 그림을 그린 사람들의 삶이었습니다. 어떤 화가는 힘든 시대를 살았고, 어떤 화가는 차별을 겪었고, 또 어떤 화가는 자기 마음을 숨기지 않고 그림으로 다 말해 버렸습니다. 그래서 그림이 그냥 예쁘거나 멋있는 게 아니라, 진짜 사람이 살았던 흔적처럼 느껴졌습니다.

작가는 그림을 볼 때 정답을 찾으려고 애쓰지 말라고 말합니다. 대신 "이 그림을 보면서 나는 뭐가 떠오를까?"를 생각해 보라고 합니다. 저는 이 말이 좋았습니다.

그림 그릴 때도 정답은 없고, 내가 그리고 싶은 대로 그리는 게 제일 재미있기 때문입니다.

책에서는 그림이 만들어진 시대 이야기도 함께 나옵니다. 전쟁, 차별, 가난 같은 문제들이 그림 속에 그대로 담겨 있다는 걸 알게 됐습니다. 그래서 미술이 그냥 멋있는 취미가 아니라, 그 시대 사람들의 생각과 감정을 보여 주는 기록이라는 것도 알게 됐습니다.

미술관에 가면 예전처럼 그냥 지나치지 않을 것 같습니다. 그림 앞에 서면 "이 사람은 왜 이렇게 그렸을까?" 하고 한 번 더 생각해 볼 것 같습니다. 저는 이 책을 읽으면서 그림을 더 그리고 싶어졌습니다. 그림은 그냥 잘 그리는 게 아니라, 내 생각과 마음을 담는 거라는 걸 알게 됐기 때문입니다.

십대 주호 가 십대 친구 에게

그림은 그냥 예쁜 거라고만 생각했는데 이 책을 읽고 나니 그림 안에 진짜 사람들이 살고 있다는 느낌이 들었어요. 미술관이 조금 덜 어렵고, 대신 더 궁금해졌어요. 그림 좋아하는 친구라면 완전 공감할 거예요.

박민경 지음 | 그래도봄 | 2023

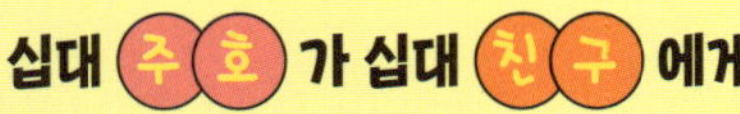

여기는 18세기, 음악이 하고 싶어요

난이도 ★★★★★

주제 | 음악에 대한 꿈과 재능을 향한 도전 **배경** | 18세기 유럽 계몽주의 시대

작품 소개 음악을 사랑하지만 태어난 시대와 신분 때문에 자유롭게 꿈꿀 수 없었던 한 인물의 선택을 따라가는 이야기입니다. 화려한 음악사보다, 예술을 하고 싶다는 마음이 어떤 용기와 대가를 요구했는지에 초점을 맞춘 것이 특징입니다.

음악가의 삶으로 읽는 서양 음악사

18세기 유럽을 배경으로, 음악을 사랑했던 사람들의 삶과 선택을 따라가는 책입니다. 이 책은 클래식 음악을 설명하는 교과서 같은 책이 아니라, "그 시대에 음악을 한다는 건 어떤 일이었을까?"라는 질문에서 출발했습니다. 저자인 조현영 작가는 음악사와 클래식 음악을 연구하며 글을 써 온 사람으로, 음악가들의 삶을 이야기처럼 풀어내는 데 강점이 있습니다.

이 책에는 바흐, 모차르트, 베토벤처럼 이름만 들어도 익숙한 작곡가들이 등장합니다. 하지만 이들은 우리가 흔히 떠올리는 '천재 음악가'의 모습이 아니라, 먹고 살기 위해 연주하고, 후원을 얻기 위해 애쓰고, 신분과 규칙에 부딪히며 고민하던 사람으로 그려졌습니다. 특히 18세기에는 음악이 지금처럼 자유로운 표현의 수단이 아니라, 귀족과 교회에 속한 일이었다는 점이 인상 깊었습니다.

책을 읽다 보면 "음악이 하고 싶다"는 말이 그 시대에는 얼마나 큰 결심이었는지 알게 됩니다. 작곡가들은 재능만으로는 살아남을 수 없었고, 누군가의 허락과 지원 없이는 음악을 계속하기 어려웠습니다. 그래서 음악을 사랑하면서도 현실과 타협해야 했던 순간들이 자주 등장합니다. 이 부분이 단순한 음악 이야기보다 훨씬 현

실적으로 느껴졌습니다.

이 책의 좋은 점은 음악 이론이나 어려운 용어를 거의 쓰지 않는다는 점입니다. 대신 작곡가들이 어떤 상황에서 어떤 선택을 했는지, 그 선택이 음악에 어떻게 남았는지를 이야기로 설명했습니다. 같은 시대에 살았어도 성격과 환경이 달라 전혀 다른 음악을 만들었다는 점도 흥미로웠습니다. 음악이 곡만으로 존재하는 게 아니라, 사람의 삶과 연결돼 있다는 점이 느껴졌습니다.

음악은 타고난 재능만으로 만들어지는 게 아니라, 선택과 노력, 그리고 포기하지 않으려는 마음에서 태어난다는 것입니다. 그래서 이 책은 음악사 이야기이면서 동시에 '꿈을 선택하는 사람들'의 이야기처럼 읽혔습니다.

이 책을 읽고 나니 클래식 음악이 조금 다르게 들리기 시작했습니다. 예전에는 그냥 오래된 음악이라고만 느꼈다면, 이제는 "이 곡을 만들 때 이 사람은 어떤 마음이었을까?"를 먼저 생각하게 될 것 같습니다.

클래식은 멀고 어려운 거라고 생각했는데 이 책은 음악가들도 우리랑 비슷하게 고민하고 흔들렸다는 걸 보여줘요. 클래식이 조금이라도 궁금하다면, 이 책은 진짜 좋은 시작이에요.

조현영 지음 | 다른 | 2021

꿈을 지키기 위해
현실과 타협하는 건 나쁜 걸까?

토론 주제 철학적 사고   **참고한 책** 『여기는 18세기, 음악이 하고 싶어요』(2021)

여울

꿈을 지키기 위해 현실과 타협하는 게 꼭 나쁜 일은 아니라고 생각해요. 다만 그 타협이 '포기'가 되면 안 된다고 봐요. 만화가가 되고 싶다고 해서 당장 돈이 안 된다고 그만두면, 그건 현실을 선택한 게 아니라 꿈을 버린 거잖아요. **예술은 바로 돈으로 이어지지 않는 경우가 많고, 그래서 오래 버티는 힘이 더 중요하다고 생각해요.** 예술을 직업으로 만들지 못해도, 예술가처럼 생각하고 표현하는 사람은 될 수 있잖아요. 저는 꿈은 결과보다 태도라고 생각해요. 끝까지 놓지 않는 태도요.

수아

꿈을 지키기 위해 현실을 아예 무시하는 것도, 반대로 현실 때문에 꿈을 너무 빨리 포기하는 것도 둘 다 문제라고 생각해요. 아이돌이나 배우처럼 예술 분야는 특히 성공 확률이 낮고 경쟁이 치열하잖아요. 그걸 알면서도 도전하는 건 멋있는 일이지만, '열심히만 하면 다 된다'고 말하는 건 솔직하지 않다고 느껴요. 그래서 저는 **예술을 꿈꾸는 사람일수록 더 현실적인 계획이 필요하다고 생각해요.** 아이돌 연습생 생활을 하면서 공부를 병행하거나, 다른 방식으로 자신을 키우는 거죠. 진짜 어른스러운 선택은 꿈과 현실을 둘 다 계산해 보는 거라고 생각해요.

주호

꿈 때문에 완전 굶을 각오까지 해야 한다면, 그건 좀 비현실적이라고 생각해요. 저는 축구도 좋아하고 그림도 좋아하는데, 솔직히 둘 다 평생 직업이 안 될 수도 있잖아요. 그렇다고 해서 그만하라고 말하는 건 너무 극단적인 것 같아요. **돈이 안 된다고 예술을 포기해야 한다면, 세상에 재미있는 것도, 멋있는 것도 많이 사라질 것 같아요.** 대신 저는 일단 먹고살 방법은 준비하면서 꿈을 계속 하는 것도 타협이 아니라 똑똑한 선택이라고 생각해요.

예술에는 정답이 있을까?
전문가 해설과 다르면 내 생각은 틀린 걸까?

 간접 경험에 대한 비판적 사고 『꽃 아주머니와 비밀의 방』(2021)

여울

예술에 정답이 없다는 말이 그냥 위로처럼 들릴 때도 있었어요. 그런데 그림을 직접 그리면서 생각이 바뀌었어요. **같은 그림을 그려도, 보는 사람마다 전혀 다른 이야기를 하거든요. 그런데 그게 다 틀렸다고 할 수는 없잖아요.** 전문가는 작품이 만들어진 시대, 작가의 생각을 알려 줄 수 있어요. 하지만 그걸 안다고 해서, 느끼는 감정까지 정해지는 건 아니라고 생각해요. 예술 감상은 '설명보다 먼저 느끼는 것'이라고 생각해요. 처음부터 '정답을 맞혀야 한다'고 생각하면, 느낄 기회를 잃어버리는 것 같아요.

수아

솔직히 말하면, 예전엔 전문가랑 다르면 내가 틀린 거라고 생각했어요. 특히 미술이나 음악은 '아는 사람이 말하는 게 맞겠지'라고 느꼈거든요. 근데 요즘엔 조금 생각이 달라졌어요. **전문가는 작품을 많이 보고 공부한 사람이니까 깊은 해석을 할 수 있어요. 하지만 그 해석이 유일한 답은 아니라고 생각해요.** 예술은 감정이 들어가는 거라서 보는 사람의 상황이나 경험에 따라 다르게 느껴질 수밖에 없잖아요. 저는 이제 전문가의 해석은 '힌트'라고 생각해요. 힌트를 참고해서 내 생각을 더 잘 말할 수 있다면, 그게 진짜 감상 아닐까요?

주호

예술에 정답이 있으면 재미없을 것 같아요. 축구 경기에서 '이 패스가 정답이다'라고 정해져 있으면 아무도 새로운 플레이를 안 할 거예요. 그림도 마찬가지라고 생각해요. 전문가가 '이 그림은 이런 의미다'라고 말하면, 참고는 할 수 있어요. 근데 제가 보기에 슬퍼 보이는데 전문가가 '희망을 그린 거다'라고 하면, 제 느낌까지 틀렸다고 할 수는 없잖아요. **저는 예술은 시험 문제가 아니라는 게 중요한 것 같아요.** 틀려도 되는 게 아니라, 원래 정답이 없는 거요. 제 생각이 조금 이상해 보여도, 그게 제 진짜 생각이면 말해 보고 싶어요.

정답을 외우는 아이는,
스스로 묻는 아이를 이길 수 없다

김재원

《세상에서 가장 짧은 한국사》 저자, 가톨릭대학교 국사학과 겸임 교수

과거의 교실을 들여다보건, 지금의 교실을 들여다보건 흑판이 사라지고 스마트 칠판이 그 자리를 차지했을 뿐, 교육 방식의 본질이 크게 다르지 않습니다. 여전히 우리는 '정답'을 빠르고 정확하게 찾는 사람을 훌륭한 인재라 불러왔고, 부르고 있습니다. 1번부터 5번까지, 누군가 만들어 놓은 보기 중에서 가장 그럴듯한 답을 골라내는 일. 그것이 아이들을 평가해 온 방식이었고, 동시에 독서의 목적이기도 했습니다. "정답은 3번이야"라는 식의 폭력적인 독서 말입니다.

흥미롭게도, 가장 넓은 상상력과 가장 많은 질문이 필요한 '문학을 다루는 수업'도 예외가 아니었다는 점이죠. 그렇게 교탁 위(그것이 공교육이던, 사교육이던) 권위 있는 전문가(라고 아이들이 생각하는 사람들)가 요약해 준 정답을 머릿속에 밀어 넣는 순간, 문학은 살아 있는 텍스트가 아니라 그저 피상적인 시험용 자료로 전락하고 맙니다. 활자는 파편처럼 흩어지고, 시험장을 나서는 순간 흔적도 없이 휘발됩니다. 아이들은 정답을 외우느라 스스로 생각하는 법을 잃어 왔고, 잃어가고 있습니다.

하지만 세상은 변하고 있습니다. 주어진 지식을 암기하고 객관식 문항 속

에서 정답을 찾아내는 능력은 이제 AI가 인간을 아득히 뛰어넘습니다. 이런 시대에 남이 요약해 준 정답을 앵무새처럼 외우는 아이가 과연 살아남을 수 있을까요?

앞으로의 교육 환경과 입시 제도가 학생에게 요구하는 진짜 역량은 '정답을 맞히는 속도'가 아닐 겁니다. 그 속도는 어차피 AI를 따라가지 못할 것이니까요. 그렇기에 앞으로 우리 아이들에게 필요한 건 낯선 글을 끝까지 읽어 내고, 보이지 않는 전제를 꿰뚫어 보며, 자기만의 논리로 세상을 해석해 내는 힘, 즉 '문해력'과 '사유의 깊이'입니다. 스스로 질문을 던지고 텍스트와 씨름하는 일은 '5지선다' 정답 맞히기보다 훨씬 고통스럽지만, 그 비교할 수 없는 가치가 앞으로의 입시와 삶에서 가장 강력한 무기가 될 겁니다.

여기, 그 낡고 폭력적인 정답 찾기에 당찬 반기를 든 십대들의 기록이 있습니다. 이 책을 쓴 아이들은 스스로 깨달은 생각, 스스로 느낀 감정을 자신들의 언어로 정리합니다. 자신들의 생생한 일상을 잣대로 세상을 냉정하게 계산하기도 합니다. 아이들의 감상과 질문은 거칠고 투박하지만, 그 어떤 어른의 평론보다 호기로우며 당찹니다.

남이 요약해 준 정답을 얌전히 외우는 아이는 당장의 시험에서 잠시 앞설지 모릅니다. 그러나 매일의 독서 습관 속에서 스스로 묻고, 자기 문장으로 세상을 다시 써 내려가는 아이는 입시의 관문을 가볍게 뛰어넘어 삶이라는 긴 여정에서 훨씬 더 멀리 나아갈 것이라 확신합니다. 여기 잠깐 불안을 내려놓으시고, 아이에게 '질문하는 힘'을 되돌려주는 이 당돌한 초대장에 귀 기울여 보시기를 적극 권합니다. 자라나는 우리 아이들이 급변하는 시대 속 인간만이 할 수 있는 깊은 사유를 하도록 이끌어 줄 바로 이 책 말입니다.

공부하는 습관이
'읽는 즐거움'으로 이어진 기적

이준형

《하루 10분 인문학》 저자, 입시·자기주도학습 전문가

자기주도학습 프로그램을 운영하며 수년째 수많은 학부모님을 만나왔습니다. 스스로 책상에 앉아 공부하는 습관을 기른 아이들을 보며 기뻐하시면서도, 마지막에는 늘 같은 고민을 털어놓으십니다. "이제 공부는 스스로 하는데, 책은 어떻게 읽혀야 할까요?"

이 질문에 대한 답을 찾기 위해 시작된 작은 프로젝트가 바로《십대의 문장으로 다시 쓰는 필독서 30》입니다. 우리는 단순히 '좋은 책'을 나열하는 것을 넘어, 아이가 스스로 책장을 넘기게 만드는 '과정'에 집중했습니다. 출판 전문가와 인문 교양 작가진이 머리를 맞대어 초등 고학년이 반드시 접해야 할 서른 권의 책을 엄선했고, 아이들이 내용을 온전히 자신의 것으로 소화할 수 있도록 독서 요약 및 논술 템플릿을 정교하게 설계했습니다.

이 책의 가장 큰 차별점은 '어른이 시킨 공부'가 아니라 '아이가 선택한 성장'에 있습니다. 우리는 유명 대학의 추천 도서나 남들이 꼭 읽어야 한다고 말하는 기준을 과감히 내려놓았습니다. 아이들마다 독서 수준과 관심사가 다르기 때문입니다. 다양한 분야와 난이도의 책을 펼쳐놓고, 아이들이 직접 읽고 싶은 책을 고르게 했습니다. 여울이, 수아, 주호 세 명의 친구는 각각 스

스로 선택한 10권의 책을 끝까지 책임지고 읽어 나갔습니다.

　물론 그 과정이 처음부터 순탄했던 것은 아닙니다. 하지만 한 권, 두 권 책이 쌓일수록 아이들의 눈빛이 달라졌습니다. 텍스트에만 머물던 시선은 깊은 사고로 이어졌고, 집중력의 한계는 매일 조금씩 갱신되었습니다. 특히 주호의 변화는 감동적이었습니다. 자신의 글이 책으로 나온다는 소식에 "부끄럽지 않은 저자가 되고 싶다"며, 자신이 고르지 않았던 친구들의 책 20권까지 스스로 찾아 읽기 시작한 것입니다. 누군가 시켜서 하는 '숙제'가 아니라, 스스로에 대한 '자부심'이 동기가 될 때 독서가 삶의 일부가 된다는 사실을 우리는 확인했습니다.

　흔히 독서를 어렵고 딱딱한 것으로만 생각합니다. 반드시 어려운 고전을 읽어야 하고, 입시에 도움이 되는 필독서만 가치 있다고 여기기도 합니다. 하지만 진짜 독서는 내가 '좋아하는 것', 그리고 내가 '할 수 있는 것'에서 시작되어야 합니다. 관심 있는 분야를 탐독하며 만들어진 '독서 근육'은 훗날 어떤 어려운 텍스트를 만나도 두려워하지 않고 도전할 수 있는 단단한 힘이 될 것입니다. 부모님께 부탁드리고 싶습니다. 아이에게 "책 읽어라"라고 말하는 감시자가 되기보다, 아이 곁에 앉아 함께 책장을 넘기는 '독서 동반자'가 되어주십시오. 부모가 책을 즐기는 뒷모습이야말로 아이에게 줄 수 있는 최고의 독서 교육입니다.

　이 책은 여울이, 수아, 주호가 직접 몸으로 부딪치며 만들어낸 소중한 기록입니다. 이 책을 만나는 모든 아이들이 '읽기의 괴로움'에서 벗어나 '발견의 즐거움'을 맛보기를 바랍니다. 그리하여 책을 조금 더 사랑하는 아이로, 자신의 생각을 당당히 문장으로 세울 줄 아는 어른으로 성장해 나가길 진심으로 응원합니다.

**십대의 문장으로
다시 쓰는**

필독서
30

초판 1쇄 발행 2026년 3월 20일

지은이 김여울·박수아·신주호

펴낸이 김재원, 이준형
마케팅 조히라
디자인 김지혜

펴낸곳 비욘드날리지 주식회사
출판등록 제2023-0001117호
E-Mail admin@tappik.co.kr

ⓒ 김여울·박수아·신주호
ISBN 979-11-995808-6-2 (43370)